AF743072

L'univers carcéral

La mère détenue et son enfant

BIBLIOTHÈQUES DE DROIT

COLLECTION FONDÉE ET DIRIGÉE PAR JEAN-PAUL CÉRÉ

Cette collection a pour vocation d'assurer la diffusion d'ouvrages scientifiques sur des thèmes d'actualité ou sur des sujets peu explorés dans le domaine des sciences juridiques. Elle se destine notamment à la publication de travaux de jeunes chercheurs.

Dernières parutions

M. GERMAIN, Essai sur l'influence du pédophile à l'égard du silence des tiers

F. LOUISE, Droit de grâce sous la Ve République

C. MORALES, Le droit animal

C. MENABE et M. MARTINELLE (dir.), L'enfant en prison

Y. JEANNERET, A. KUHN et B. LAPEROU-SCHENEIDER, Droit pénal français et droit pénal suisse

B. BARRAUD, Le pragmatisme juridique

N. LORY, La saisie pénale des biens incorporels

M. PERRIN, Le statut pénal de l'animal

A. TATARINOFF, Génocide et crimes de masse (1933-1946)

P. ROUSSEAU, Autonomie personnelle et droit pénal

A. AZARETE, E. GUERRERO et Th. MORETTO (dir.), Fête et droit public

A. BEn GADI, La libération conditionnelle comme outil de gestion du risque

BIBLIOTHÈQUE DE *DROIT PENAL*

Elaine MANGIN

L'univers carcéral

La mère détenue et son enfant

L'Harmattan

5-7, rue de l'École-Polytechnique, 75005 Paris
http://www.editions-harmattan.fr
ISBN : 978-2-343-15834-1
EAN : 9782343158341

Je tiens à remercier cordialement Madame Catherine MENABE, maître de conférences en droit privé et sciences criminelles à l'Université de Lorraine et également directrice de ce mémoire, pour son aide précieuse, son soutien, sa grande disponibilité et son amabilité, ayant su répondre à toutes mes interrogations et aiguiller mon travail lors de périodes de doutes.

Je remercie de plus Monsieur Jean-François SEUVIC, Professeur de Droit pénal spécial et Directeur du Diplôme Universitaire de Criminologie, sans lequel je n'aurais pas eu l'opportunité de travailler sur ce sujet qui m'attire énormément.

J'adresse également mes remerciements à Maître BOH-PETIT, avocate pénaliste et militante à l'Observatoire International des Prisons, pour son soutien, et pour m'avoir parlé de son engagement auprès des détenus avec tant de passion, ce qui a considérablement nourrit ma réflexion et fait naître en moi le désir de me battre pour cette cause.

Mes remerciements vont de la même manière à ma famille et notamment mes parents, qui m'ont toujours soutenue, supportée et réconfortée dans les moments difficiles, et dès lors qui n'ont jamais cessé de me démontrer que je pouvais avoir confiance en moi et en mon travail.

Pour finir, je remercie mes relecteurs et notamment Madame Mélanie LAURENT, Maître de conférences en psychologie clinique, qui ont pris le temps de corriger ce mémoire afin d'y apporter les améliorations nécessaires.

Principales abréviations

AJ Fam .... L'actualité juridique : Famille
AJ Pén. .... L'actualité juridique :Pénal
Art .... Article
ASE .... Aide Sociale à l'Enfance
BO just .... Bulletion Officiel du Ministère de la Justice
BOMJL .... Bulletin Officiel du Ministère de la Justice et des Libertés
c. .... Contre
C. civ .... Code civil
CEDH .... Cour européenne des droits de l'homme
CJUE .... Cour de Justice de l'Union Européenne
CGLPL .... Contrôleur Général des Lieux de Privation de Liberté
Confer. .... Se reporter à
C. pén .... Code pénal
C. pr. pén .... Code de procédure pénale
D. .... Recueil Dalloz
Ibid. .... *Ibidem*
Idem. .... De même
INSEE ... Institut National de la Statistique et des Etudes Economiques
LP .... Loi pénitentiaire
OIP .... Observatoire International des prisons
Op. cit. .... *Opere citato*, cité précédemment
PMI .... Protection Maternelle et Infantile
RSC .... Revue de science criminelle
RTD civ .... Revue trimestrielle de droit civil
s. .... suivants
SPIP .... Service Pénitentiaire d'Insertion et de Probation
UVF .... Unité de Vie Familiale

Préface

Dans le cadre du Diplôme Universitaire de Criminologie de Nancy, Elaine Mangin a souhaité présenter un mémoire consacré aux incidences de l'univers carcéral sur la mère détenue et son enfant. Alors étudiante en Master 1, elle ne s'est pas laissée impressionner par les difficultés d'un premier travail de recherche qu'elle a, avec détermination, aisément franchies pour aboutir à une étude complète, pertinente et interpellante.

Alors que la parentalité est au cœur de notre société et que de plus en plus d'ouvrages ont vocation à apprendre à devenir parent, la femme incarcérée se trouve confrontée à des difficultés d'exercice de son rôle maternel. Quant à l'enfant, il subit l'éloignement de la figure parentale, qui plus est de la figure maternelle, alors même que les théories de l'attachement mettent en exergue le lien particulier unissant l'enfant dans ses premières années d'existence à sa mère et l'impact criminogène d'une telle rupture. Si la problématique du maintien des liens familiaux n'est pas spécifique aux femmes, elle revêt pourtant une importance toute particulière pour les détenues qui sont majoritairement mères et ont souvent la charge exclusive des enfants.

Partant de la nécessité du maintien des liens entre une mère et son enfant y compris dans l'univers carcéral, l'auteure a opéré une distinction fondamentale entre d'une part, le cas de la mère détenue sans son enfant qui est resté en milieu libre et, d'autre part, la situation spécifique de la mère détenue avec son enfant sans que celui-ci ne soit placé sous-écrou. Pour l'une et l'autre de ces hypothèses, elle a cherché à démontrer – en mêlant des aspects de psychologie à des considérations juridiques – la persistance de limites au maintien du lien mère-enfant. Au-delà de ce constat, la réflexion s'étend à des propositions d'amélioration du droit et de la pratique pénitentiaire afin de prendre davantage en compte, dans toute leur complexité, les intérêts de l'enfant. *In fine*, les réflexions portées sur le sujet sont mises en parallèle avec la politique pénale de « tout carcéral ».

Indubitablement l'auteure fait preuve d'un esprit critique qui donne tout son relief au sujet. Les travaux ont aussi pour mérite de se fonder sur les exemples étrangers pour appuyer la démonstration et de s'intéresser à des thématiques peu étudiées par les juristes telles que les effets pathogènes et traumatogènes de la séparation mère-enfant.

L'investissement dont a fait preuve Elaine Mangin dans ce travail démontre à quel point nos étudiants peuvent être motivés et passionnés. En tant qu'enseignante et directrice de mémoire, je suis sincèrement fière de cet ouvrage.

Catherine Ménabé, *Maître de conférences en Droit privé et sciences criminelles*, *Directrice du DU de Criminologie*, Université de Lorraine

Introduction

« *En prison, les femmes n'ont pas les mêmes droits que les hommes* »[1]. Tel est le constat de Caroline Fleuriot, journaliste pour le quotidien Dalloz actualité, dans son article publié le 18 février 2016[2]. Tandis que la société présente la femme comme le « sexe faible », majoritairement victime et non auteure, il paraitrait impertinent d'en déduire une « a-criminalité » du sexe féminin. Malgré une surreprésentation numéraire indiscutable des hommes, les femmes commettent également nombre d'infractions à la législation française – infractions relatives à la prostitution, aux violences sexuelles et conjugales, ou encore à la non-représentation d'enfants[3]. Elles ont cependant six fois moins de risques d'être mises en causes, dix fois moins de risques d'être condamnées et trente fois moins de risques d'être incarcérées que les hommes[4]. Effectivement, les femmes auteurs d'infractions disparaissent des statistiques à mesure que le processus pénal progresse : elles représentent

1 FLEURIOT Caroline, « En prison, les femmes n'ont pas les mêmes droits que les hommes », *Dalloz actualité*, 18 février 2016.

2 *Idem.*

3 MENABE Catherine, *Réflexions critiques sur la criminalité féminine*, Thèse pour le Doctorat en Droit, Université de Lorraine, Nancy, 2013, §403, p. 419.

4 *Idem*, §409, p. 27.

en définitive une minorité carcérale négligée[5], puisque seulement 3,8 % des personnes écrouées, c'est-à-dire inscrites sur le registre d'un établissement pénitentiaire, en tant que prévenues ou condamnées. Sur les 80 893 écroués en France au 1er février 2018, on dénombre 3 103 femmes. Cependant, seules 2 482 sont détenues au sein d'un établissement pénitentiaire, exécutant une peine privative de liberté.

L'humanisation progressive des lieux de détention a permis de conférer un statut juridique au détenu, qui peut désormais se prévaloir de l'ensemble des droits fondamentaux dont disposent tous les individus en société, droits consacrés et protégés par plusieurs textes supranationaux et nationaux. Le principe de primauté du Droit International et communautaire ainsi que la hiérarchie des normes[6] imposent la conformité du bloc de constitutionalité (en l'espèce l'ensemble des normes appliquées par le Conseil Constitutionnel) et du bloc de légalité (ensemble des lois françaises) au bloc de conventionalité (traités internationaux et droit européen). En définitive, le droit français contemporain se doit d'être en parfaite adéquation avec les normes supérieures supranationales qui ont force obligatoire, sous peine de nullité (parmi celles-ci, la Convention de sauvegarde des droits de l'Homme et des libertés fondamentales, aussi appelée convention européenne des droits de l'Homme, ratifiée par la France en 1974). D'autres textes visent directement ou indirectement le respect des droits des détenus et l'amélioration de leurs conditions de détention, comme les

---

5 « Statistique mensuelle des personnes écrouées et détenues en France, situation au 1er février 2018 », Direction de l'Administration Pénitentiaire, Bureau des statistiques et des études. http://www.justice.gouv.fr/art_pix/mensuelle_fevrier%202018_2.pdf

6 Théorisée par Hans Kelsen.

recommandations du Conseil de l'Europe[7], les avis du commissaire aux droits de l'Homme du Conseil de l'Europe, les règles pénitentiaires européennes (articles 24.1 et s.), et également la déclaration universelle des droits de l'Homme de 1948 (article 16). Ils n'ont, quant à eux, pas de valeur contraignante ; mais il est cependant vivement recommandé de s'y conformer.

Dès lors, le régime juridique applicable aux condamnés est codifié en droit interne : au niveau de la loi (notamment la loi pénitentiaire du 24 novembre 2009) et des règlements (décrets en Conseil d'Etat, décrets simples, arrêtés)[8]. Toutes ces dispositions juridiques figurent dans le code de procédure pénale, et nous pouvons en outre y ajouter les règlements intérieurs des établissements pénitentiaires.

Si en théorie la détention ne saurait donc se définir autrement que par une privation de la liberté d'aller et venir, il est cependant indiscutable que les écroués détenus des établissements pénitentiaires de France[9] connaissent de considérables atteintes à leurs droits fondamentaux. C'est ainsi que se plaçant parmi les derniers pays à s'être doté d'une loi pénitentiaire[10], la France se trouva condamnée à de nombreuses reprises par la Cour européenne des droits de

---

7 Par exemple, 3 recommandations de 1997, 2000 et 2009.

8 Art. R57-5 et s. ; Art. D50 et s. ; Art. A39 et s. du C. pr. pén..

9 Y comprendre la France métropolitaine ainsi que les départements et territoires d'Outre-Mer.

10 La France s'est dotée d'une loi pénitentiaire en 2009, largement critiquée par la doctrine française puisque ne comportant aucune amélioration remarquable. HERZOG-EVANS Martine, « Loi pénitentiaire et liens familiaux : de timides avancées », AJ fam., 2009, n°12, p.484.

l'homme[11] pour ses conditions de détention déplorables et ses traitements inhumains et dégradants[12], entre autres à propos des fouilles ou également de la surpopulation carcérale[13] , conditions au surplus dénoncées dans de nombreux ouvrages par plusieurs auteurs, dont il est possible de citer quelques exemples : « La souffrance engendrée par l'enfermement est sans répit. Ce monde clos oscille entre la dureté, la solitude, l'omniprésence de la censure et du contrôle, l'obéissance indispensable aux consignes en tout genre. »[14], « L'impudeur carcérale me démolit. Le droit à l'intimité est bafoué, sans limite, à tous les moments de la journée »[15], « L'impudeur et la négation de l'être humain sont deux concepts maniés avec habilité par l'administration pénitentiaire. »[16]. La Cour européenne des droits de l'homme consolide en conséquence sa jurisprudence d'ores et déjà constante concernant la primauté des droits fondamentaux des individus, et en l'espèce, des condamnés. Toutefois, des violations persistent et s'éternisent au sein de l'univers pénitentiaire, notamment pour les détenues femmes[17].

---

[11] La Cour européenne des droits de l'homme contrôle le respect effectif des droits de l'Homme par les Etats parties à la convention européenne des droits de l'Homme.

[12] CEDH, 25 avril 2013, Canali c. France ; CEDH, 21 mai 2015, Yengo c. France ; CEDH, 12 juin 2007, Frérot c. France ; CEDH, 20 janvier 2011, El Shennawy c. France ; CEDH, 9 juillet 2009, Khider c. France ; CEDH, 20 janvier 2011, Payet c. France.

[13] Les maisons d'arrêt en France sont peuplées à plus de 140 % de leur capacité.

[14] BOH-PETIT Dominique, *Quartier-femmes écrou 10970*, l'Harmattan, 2015, p. 25.

[15] *Idem.*

[16] *Ibid*, p. 32.

[17] Arguments suivants tirés de l'avis du CGLPL du 25 janvier 2016 relatif à la situation des femmes privées de liberté, NOR : CPLX1604501V.

En effet, la situation générale des femmes incarcérées demeure perfectible au regard de l'ineffectivité du principe de l'égalité entre les hommes et les femmes[18] dans les lieux de privation de liberté, et également de la difficile prise en compte des besoins qui leurs sont spécifiques. Tout d'abord, les femmes sont exclues de structures spécialisées : elles subissent une atteinte aux bénéfices de soins psychiatriques, les Unités pour Malades Difficiles (UMD), à titre d'exemple, ne comptant que 40 places réservées aux femmes contre 530 pour les hommes ; les détenues ont de la même manière un accès restreint au régime de la semi-liberté puisque 64 places sur 1 048 leurs sont accordées, représentant alors au 1er septembre 2015 moins de 1,3 % des détenus étant en mesure d'en bénéficier. Ensuite, leur faible nombre constitue un frein à une individualisation de leur prise en charge, quelque peu attentatoire au droit à la préservation de l'intégrité physique et morale, l'administration carcérale n'ayant que rarement l'occasion d'observer la détenue à son arrivée, de s'occuper spécifiquement des personnes vulnérables, de différencier les régimes d'exécution de la peine, etc. Par ailleurs, l'enclavement des quartiers-femmes au sein des établissements pénitentiaires pour hommes restreint drastiquement leur accès aux différentes offres et équipements[19] : le principe de non-mixité carcérale proscrit les contacts entre détenus et détenues, ainsi qu'avec le personnel masculin[20], les condamnées disposent donc d'horaires limités pour se rendre, entre autres, aux terrains de sports, zones socio-culturelles, ou bibliothèques et à condition qu'un surveillant masculin n'y soit pas en poste (ce qui réduit davantage les possibilités). De plus, malgré des expérimenta-

---

18 Art. 3 du Préambule de la Constitution de 1946 « La loi garantit à la femme, dans tous les domaines, des droits égaux à ceux de l'homme. ».

19 Malgré un assouplissement du principe envers la mixité des activités.

20 R. 57-6-18 C. pr. pén..

tions dans certaines prisons, les offres d'activités (travail, formation, ateliers culturels, enseignement) et d'équipements (salle de musculation, terrain de sport, bibliothèque...) faites aux femmes restent insuffisantes par rapport à celles proposées aux hommes[21]. En dépit de la règle pénitentiaire européenne n°19.7 disposant que « des mesures spéciales doivent être prises afin de répondre aux besoins hygiéniques des femmes », les détenues voient leur santé, dignité et intimité bafouées par de nombreuses contraintes pratiques : les soins gynécologiques dispensés au sein du milieu carcéral ne sont pas les mêmes d'un établissement à l'autre, provoquant une inégalité entre les femmes incarcérées ; les produits d'hygiène pour femmes, et produits ou accessoires de beauté ne sont que trop peu présents dans les cantines des établissements[22] ; les examens gynécologiques pratiqués sur les détenues violent de manière régulière l'article 52 de la loi pénitentiaire de 2009 disposant que « tout accouchement ou examen gynécologique doit se dérouler sans entraves et hors la présence du personnel pénitentiaire, afin de garantir le droit au respect de la dignité ». Finalement, le fait pour les femmes d'être détenues au sein de prisons pour hommes est loin d'être avantageux quant au maintien de leurs liens familiaux, quoique consacré par l'article 8 de la convention européenne des droits de l'Homme[23] : tous les établissements pénitentiaires ne disposant pas de quartiers spécifiques ou de place pour les accueillir, et étant inégale-

---

21 « Un enclavement qui réduit l'accès aux activités », Observatoire International des Prisons, https://oip.org/en-bref/quelles-sont-les-conditions-de-detention-des-femmes/.

22 « C'est la « boutique » de l'établissement pénitentiaire où le détenu peut acheter divers objets ou denrées dans la limite de ses moyens financiers (« part disponible » de son compte nominatif). », www.prison.eu.org.

23 1° de l'art. 8 convention européenne des droits de l'Homme « Toute personne a droit au respect de sa vie privée et familiale, de son domicile et de sa correspondance. ».

ment répartis sur le territoire français, les détenues sont souvent incarcérées loin de leurs proches, et subissent parallèlement la surpopulation carcérale (à titre d'illustration, au 1er février 2018, la maison d'arrêt de Nîmes connaît un taux d'occupation des places femmes de 183 %[24]).

Concrètement, la famille se définit au sens large en droit civil comme « l'ensemble des personnes descendant d'un auteur commun et rattachées entre elles par un lien horizontal et un lien vertical »[25] ; il ressort en outre de l'article 23 du pacte international relatif aux droits civils et politiques que « la famille est l'élément naturel et fondamental de la société et a droit à la protection de la société et de l'Etat »[26]. Or, la pratique pénitentiaire tend à porter atteinte au respect de la vie familiale, d'autant plus notable pour les détenues femmes puisque tenant à trois raisons principales : en premier lieu, les femmes, de par leur sensibilité et fragilité supérieures à celles des hommes, ressentent l'incarcération différemment[27], Martine Schachtel écrivant d'ailleurs à ce sujet : « pour elles, la prison représente la déchéance, alors que, pour un homme, le séjour derrière les barreaux peut parfois susciter l'admiration de son entourage »[28]. De plus,

---

24 « Statistique mensuelle des personnes écrouées et détenues en France, situation au 1er février 2018 », Direction de l'Administration Pénitentiaire, Bureau des statistiques et des études. http://www.justice.gouv.fr/art_pix/mensuelle_fevrier%202018_2.pdf

25 Définition tirée du Lexique des termes juridiques, Dalloz, 2013.

26 1° de l'art. 23 du pacte international relatif aux droits civils et politiques « La famille est l'élément naturel et fondamental de la société et a droit à la protection de la société et de l'Etat. ».

27 « Pour elles, la prison représente la déchéance, alors que, pour un homme, le séjour derrière les barreaux peut parfois susciter l'admiration de son entourage », SCHACHTEL Martine, *Femmes en prison : dans les coulisses de Fleury-Merogis*, Albin Michel, 2000, p. 52.

28 *Idem.*

les condamnées subissent un double isolement, puisqu'incarcérées à l'écart du monde extérieur et pareillement à l'écart des hommes détenus et du personnel pénitentiaire masculin en raison du principe de non-mixité carcérale[29] (il a pu être noté qu'« elles reçoivent deux fois plus de lettres que les hommes, [elles] ont en revanche moins de visites. »[30]). Enfin, « plus de la moitié des femmes en prison sont mères et chefs de famille monoparentale »[31], participant alors de manière vitale et essentielle à la vie de famille. 70 000 enfants seraient concernés chaque année par l'incarcération de l'un de leurs parents[32].

Force est de constater que malgré le nombre insuffisant d'études à propos des mères incarcérées, ce sujet emporte des enjeux non négligeables qui semblent abandonnés par la législation française : intérêt de la société, conditions de détention des femmes mères détenues, ou encore liens familiaux entre une mère et son enfant. Il s'avère ainsi important de mener une recherche relative aux détenues femmes et mères et à l'impact de cette incarcération sur leurs enfants, d'en dégager les grandes lignes, d'esquisser quelques recommandations, tout en mettant en exergue les perspectives méritant plus ample réflexion et requérant une amélioration certaine.

---

29 MENABE Catherine, *Réflexions critiques sur la criminalité féminine*, Thèse pour le Doctorat en Droit, Université de Lorraine, Nancy, 2013, §286, p. 324.

30 SCHACHTEL Martine, *Femmes en prison : dans les coulisses de Fleury-Merogis*, Albin Michel, 2000, p. 62.

31 *Idem*, p.52.

32 Observatoire international des prisons, https://oip.org/infographie/etre-mere-en-prison/.

Dès lors, la problématique suivante se pose : à quelles difficultés doivent faire face une mère détenue et son enfant ?

Bien que l'article 3 de la convention internationale des droits de l'enfant érige en « considération primordiale » l'intérêt supérieur de l'enfant[33], il apparait judicieux de se demander si la détention de sa mère n'y porte pas atteinte. Parallèlement, considérant le droit au respect de la vie privée et familiale consacré à l'article 8 de la convention européenne des droits de l'Homme, dont découle le droit au maintien des liens familiaux des personnes incarcérées[34], il semble opportun de s'interroger sur les conditions de détention des femmes incarcérées actuellement au sein d'établissements pénitentiaires en France quant au respect de leur rôle de mère.

Par femmes détenues, nous exclurons volontairement les détenues mineures et les prévenues, hors cas où celles-ci seront mentionnées expressément. De ce fait, l'utilisation du terme de « détenues » fera référence aux condamnées françaises mais aussi étrangères, toutes mères ; il en est de même lorsqu'il sera mentionné le terme d'« enfants » : il s'agit inévitablement des enfants de condamné(e)s. En outre, il sera ici envisagé le maintien du lien mère-enfant ; ainsi, le maintien des liens familiaux avec le conjoint, les parents ou l'entourage de la détenue sera intentionnellement écarté. Pour finir, l'univers carcéral ayant aussi bien des incidences sur les liens entre les détenus hommes et leurs enfants, les

---

[33] 1° de l'art. 3 de la Convention internationale des droits de l'enfant « Dans toutes les décisions qui concernent les enfants, qu'elles soient le fait des institutions publiques ou privées de protection sociale, des tribunaux, des autorités administratives ou des organes législatifs, l'intérêt supérieur de l'enfant doit être une considération primordiale. ».

[34] Art. 35 de la loi pénitentiaire du 24 novembre 2009.

constatations de la présente étude pourront leur être appliquées (modes de communication avec l'extérieur, effets de l'incarcération maternelle sur les enfants, aides aux familles de détenues,...), à l'exception des observations où il est manifestement fait référence aux particularités attachées au sexe (par exemple, lorsqu'il est question de la maternité carcérale).

S'efforçant de considérer les condamnées comme mères et non uniquement comme auteurs d'une infraction, le droit interne prévoit deux éventualités. Dans un premier temps, lorsque la condamnée est mère d'un enfant de plus de 18 mois, lorsqu'elle refuse sa venue à ses côtés ou lorsque les impératifs juridiques le commandent, cette dernière est incarcérée seule (Partie 1) dans l'un des 56 établissements pénitentiaires disposant de quartiers-femmes[35], la majorité se trouvant dans le Nord de la France. *A contrario*, dans l'hypothèse d'une grossesse en cours ou de la maternité d'un enfant de moins de 18 mois, la condamnée aura l'opportunité d'être détenue accompagnée de son bébé (Partie 2) au sein d'un quartier « nurserie »[36], pourvu que l'administration carcérale y trouve une place et qu'aucun danger ne soit signalé pour l'intérêt du bébé.

---

[35] Elles peuvent également être détenues au centre pénitentiaire de Rennes ou à la Maison d'Arrêt de Versailles, deux établissements pénitentiaires entièrement réservés aux femmes.

[36] Circulaire du 18 août 1999 relative aux conditions d'accueil des enfants laissés auprès de leur mère incarcérée, NOR: JUSE9940062C, BO just., n°76, 1er octobre 1999.

1ère PARTIE
LA FEMME DÉTENUE SEULE

« Il est affreux qu'une mère perde son enfant ; il est affreux qu'un enfant perde sa mère »[37]. Le terme de perte peut ici être entendu au sens large : qu'en est-il alors lorsqu'une mère se trouve éloignée de son enfant par la force des choses, en l'espèce quand une peine privative de liberté, de nature correctionnelle ou criminelle, est prononcée à son encontre ? Dans quelles mesures la prison constitue-t-elle un frein au lien mère-enfant ? Alors que les ouvrages traitant de l'importance des soins maternels ne cessent de se multiplier, une femme condamnée peut se voir séparée de son ou ses enfants à son entrée en détention[38]. L'article 8 de la convention européenne de sauvegarde des droits de l'Homme et des libertés fondamentales consacre le droit de toute personne au respect de sa vie privée et familiale[39,40]. Ainsi, le droit au maintien des liens familiaux est un droit incontestable des personnes détenues[41] mais aussi de leurs proches[42].

Il parait opportun, dans un premier temps, de rappeler que la prison consiste en une peine privative de liberté et non pas une peine privative du lien mère-enfant. Le détenu « continue de jouir de tous les droits et libertés fondamentaux de l'homme qui ne sont pas contraires à la

---

37 ESQUIROS Alphonse, *Paris, ou les sciences, les institutions, et les mœurs au XIXème siècle*, 1847.

38 Art. D.401 C. pr. pén..

39 1° de l'art. 8 convention européenne des droits de l'Homme « Toute personne a droit au respect de sa vie privée et familiale, de son domicile et de sa correspondance. ».

40 L'alinéa 2 de l'article 8 constitue une clause de limitation à ce droit, et les atteintes à l'alinéa 1 ne seront justifiées que si elles répondent aux conditions posées : être prévues par la loi, poursuivre un but légitime et être nécessaires dans une société démocratique. Lavric Sabrina, « Vie familiale et prison : la Russie condamnée pour sa législation – Cour européenne des droits de l'homme 7 mars 2017 », *AJ pén.*, 2017, n°6, p. 301

41 CEDH, 28 septembre 2000, Messina c. Italie.

42 CEDH, 7 mars 2013, Raw c. France.

finalité de la privation de liberté »[43]. Dans un second temps, il est important de noter que le sort des enfants dont la mère est détenue reste amplement discutable, mêlant enjeux psychologiques, éthiques et criminologiques. De la même manière que la mère, les enfants subissent également une perte et risquent, de surcroît, d'être placés puisque la majorité des femmes incarcérées élèvent seules leurs enfants[44]. Par conséquent, la relation mère-enfant espérée semble être compromise par l'enfermement de la mère, c'est pourquoi le droit français et la pratique pénitentiaire s'efforcent de consacrer le droit à la vie de famille malgré les difficultés persistantes (Chapitre 1). Nonobstant les mesures pour assurer la continuité de ce lien, les effets néfastes de l'incarcération parentale sur l'enfant sont indéniables, particulièrement quand le parent incarcéré est la mère (Chapitre 2).

43 CEDH 6 oct. 2005, Hirst c. Royaume-Uni.

44 HERZOG-EVANS Martine, « Les enfants de détenus : "The orphans of justice" », *Lamy Droit Civil*, 2011, NS 87, Supplément « Le statut de l'enfant depuis la Convention internationale relative aux droits de l'enfant », Etude, p. 32-35.

Chapitre 1. Le maintien du lien mère-enfant en détention : entre respect et violation

« Une des valeurs essentielles sur lesquelles est fondée la société. C'est sur elle que repose l'avenir de la nation »[45]. C'est ainsi que le législateur de 1994 définit la famille. D'après la circulaire du 20 février 2012 relative au maintien des liens extérieurs des personnes détenues par les visites et l'envoi ou la réception d'objets, la notion de famille s'entend « des personnes justifiant d'un lien de parenté ou d'alliance juridiquement établi », mais également « des personnes attestant d'un projet familial commun ». Dès lors, la mise en détention d'un des membres de cette entité produit une coupure de la relation familiale[46] que le droit français se doit de pallier. « C'est la souffrance à l'état brut : quand les enfants ne sont pas là ou qu'ils viennent au parloir. Tout fait mal, il n'y a pas de réconfort envisageable. Comme chez les animaux, une des fonctions vitales de la mère est coupée »[47]. A la vue de ce constat, il semble donc pertinent de se demander si les liens des détenues avec leurs enfants sont maintenus de manière efficace dans les prisons françaises. En effet, malgré les avancées engagées par la législation française pour consacrer ce maintien du lien mère-enfant

45DARDEBA Pierre, « Le maintien des relations familiales des détenus en Europe », *RSC*, 1998, n°3, p. 590

46 *Idem.*

47 BOH-PETIT Dominique, *Quartier-femmes écrou 10970*, l'Harmattan, 2015, p. 49.

(Section 1), il est à noter que celui-ci est complexe à mettre en œuvre et de ce fait demeure bafoué (Section 2).

Section 1. Le maintien des liens familiaux : un droit fondamental

Reconnu depuis les années 1970 par la jurisprudence de la Cour européenne des droits de l'homme[48], le droit au respect de la vie privée et familiale doit être garanti aux détenus. Plus particulièrement, il est absolument nécessaire pour la femme détenue mais aussi pour son enfant que leur lien puisse être conservé (Paragraphe 1). Pour se faire, le droit positif français règlemente la mise en œuvre de ce principe (Paragraphe 2).

§ 1. Un droit subjectif primordial de l'individu

La convention européenne des droits de l'Homme et la convention internationale des droits de l'enfant (adoptée par l'Assemblée générale des Nations Unies) ratifiées par la France respectivement en 1974 et en 1990[49] érigent en droit fondamental le maintien des liens familiaux tant pour les citoyens adultes[50] que pour les enfants[51]. Par conséquent, il en va de la nécessité pour la détenue (A) et de l'intérêt de l'enfant (B) de permettre la continuité de ces liens.

---

48 Georgia Bechlivanou Moreau, « Rendre plus effectif le droit au maintien des liens familiaux », *RSC*, n°1, 2013, p. 137.

49 CLEMENT-BARTHEZ Colette, « Le cadre légal des droits de l'enfant lorsque son ou ses parent(s) sont incarcérés », Etude publiée par l'UFRAMA, 2015, notes de bas de page, p. 1.

50 1° de l'art. 8 convention européenne des droits de l'Homme « Toute personne a droit au respect de sa vie privée et familiale, de son domicile et de sa correspondance. ».

51 1° de l'art. 8 de la Convention internationale des droits de l'enfant ; et 1° de l'art. 9 de la Convention internationale des droits de l'enfant.

A. Un impératif pour la mère détenue

Le droit au maintien des liens familiaux pour les personnes détenues trouve sa justification à plusieurs égards. Il est tout d'abord nécessaire pour le bien-être psychologique de la mère et plus généralement de toutes les femmes incarcérées. Les études concernant les effets néfastes de l'emprisonnement ne manquent pas, et il est désormais majoritairement admis que la prison déshumanise, infantilise, et déresponsabilise les détenus. L'émergence de la fonction maternelle se trouve alors freinée voire paralysée, puisque l'incarcération affaiblit les capacités de la détenue à situer son rôle et à se représenter sa fonction de mère. En effet, devenir mère est un processus psychique qui fait le sentiment d'être parent. Les trois premières années de la vie d'un enfant sont capitales quant à l'élaboration de ce sentiment, puisque l'investissement narcissique initial de la mère doit se commuer en investissement objectal, c'est-à-dire que la mère doit cesser de voir l'enfant comme un moyen de combler une faille narcissique en elle et doit le considérer comme un individu à part entière qui peut être aimé pour ce qu'il est. Ce processus de parentification est donc rendu très complexe par la détention de la mère. De plus, l'éloignement de l'enfant[52] est vécu comme une perte, une perte narcissique : c'est une partie d'elle qu'on lui a retiré. S'en suivent inhibition, dévalorisation, honte, mensonges, et effondrement de l'estime de soi. La plupart du temps, la détenue se considère comme une mauvaise mère et se comportera alors comme telle, la perte narcissique provoquant quant à elle des excès

---

52 L'éloignement de l'enfant fait suite à l'incarcération et à l'isolement des femmes, MENABE Catherine, *Réflexions critiques sur la criminalité féminine*, Thèse pour le Doctorat en Droit, Université de Lorraine, Nancy, 2013, §352, p. 379.

de violence qu'elle peut retourner sur elle-même[53]. Il en va donc indubitablement du bien-être psychique de la mère et de l'enfant que l'administration carcérale mette tout en œuvre pour maintenir le lien qui les unit et pour respecter les exigences du droit international, européen et français[54]. Le pacte international relatif aux droits civils et politiques de l'ONU, tout d'abord, retient à l'article 23 que la famille « a droit à la protection de la société et de l'Etat »[55]. La convention européenne des droits de l'Homme, quant à elle, prévoit à l'article 8 le droit de toute personne au respect de sa vie privée et familiale[56]. Par ailleurs, l'article 3 de la même convention dispose que « nul ne peut être soumis à la torture ni à des peines ou traitements inhumains ou dégradants ». Les exemples jurisprudentiels concernant la violation de ces articles quant à la prise en compte des liens familiaux sont

---

53 Ces arguments concernant la fonction parentale sont tirés de l'article de Alain Bouregba, « La parentalité à l'épreuve de l'incarcération », Les liens familiaux à l'épreuve du pénal, ERES « Hors collection », 2002, p. 71-83.

54 Les Etats ont des obligations positives de mise en œuvre de mesures propres à garantir le respect de l'article 8 de la convention européenne des droits de l'Homme, Lavric Sabrina, « Vie familiale et prison : la Russie condamnée pour sa législation – Cour européenne des droits de l'homme 7 mars 2017 », *AJ pén.*, 2017, n°6, p. 301.

55 CÉRÉ Jean-Paul, *Prison - Organisation générale*, Répertoire de droit pénal et de procédure pénale, Dalloz, juin 2015 (actualisation : janvier 2018).

56 1° de l'art. 8 convention européenne des droits de l'Homme « Toute personne a droit au respect de sa vie privée et familiale, de son domicile et de sa correspondance. ».

nombreux[57]. En tant que gage de réinsertion de la détenue[58] et condition d'octroi des permissions de sortir[59], le maintien des liens se doit donc d'être une considération primordiale de la part de la législation française (qui les retient d'ailleurs aux articles 34 et suivants de la loi pénitentiaire de 2009), et surtout de la part de l'administration pénitentiaire qui devrait aussi veiller à leur prise en compte concernant les affectations et transfèrements[60].

B. Une nécessité pour l'enfant

Si le maintien du lien mère-enfant est un impératif pour la détenue eu égard au développement de son rôle de mère et au respect des principes supranationaux, il l'est d'autant plus pour l'enfant. Il convient d'abord de prêter attention

---

57 Dans un arrêt du 3 juillet 2017 Polyakova et autres contre Russie (en l'espèce, la législation russe ne permettait pas de prendre en compte le maintien des liens familiaux quant à une décision de transfèrement d'un détenu), la Cour européenne des droits de l'homme a estimé que les états devaient se doter d'un arsenal juridique suffisant pour permettre aux détenus de maintenir des contacts effectifs avec leurs proches ; Lavric Sabrina, « Vie familiale et prison : la Russie condamnée pour sa législation – Cour européenne des droits de l'homme 7 mars 2017 », *AJ pén.*, 2017, n°6, p. 301.

De la même manière, la Cour européenne des droits de l'homme a considéré dans l'arrêt D. contre Royaume-Uni du 2 mai 1997 que la privation de famille, d'amis et de ressources constituait une violation de l'article 3.

58 MENABE Catherine, *Réflexions critiques sur la criminalité féminine*, Thèse pour le Doctorat en Droit, Université de Lorraine, Nancy, 2013, §351, p. 378-379.

59 Art D.145 et s. C. pr. pén..

60 MENABE Catherine, *Réflexions critiques sur la criminalité féminine*, Thèse pour le Doctorat en Droit, Université de Lorraine, Nancy, 2013, §352, p. 379.

Règle pénitentiaire européenne 17.1 « 17.1 Les détenus doivent être répartis autant que possible dans des prisons situées près de leur foyer ou de leur centre de réinsertion sociale. ».

aux perturbations psychologiques qui sont induites chez ce dernier en raison de l'incarcération de sa mère[61]. Il est désormais admis que la séparation non accompagnée de paroles est une cause non négligeable de mortalité infantile. Par conséquent, il ne semble pas difficile d'en déduire que l'éloignement de la mère et l'effacement parental entrave le développement du psychisme : la séparation d'avec la mère compromet les capacités de l'enfant à ériger une représentation stable et continue de lui-même et du monde extérieur. Le processus de séparation/individuation est une phase du développement durant laquelle l'enfant prend conscience de ce qui l'entoure et se sépare psychiquement de sa mère. Or, ce processus nécessite une continuité inconsciente de ses représentations parentales, et l'effacement de la mère, à travers l'incarcération, altère la dynamique nécessaire à ce processus et à la maturation psycho-affective de l'enfant. En d'autres termes, l'éloignement de la mère brise la continuité inconsciente des représentations qu'a l'enfant et, sans cette continuité, il lui est difficile de se séparer de sa mère. Il est alors primordial de permettre la continuité des liens avec la mère incarcérée, et notamment à travers les visites qui constituent un enjeu thérapeutique et éducatif majeur. Outre l'aspect psychologique et l'obligation morale de préserver ces liens, les Etats y sont obligés juridiquement. Effectivement, l'article 3 de la convention internationale des droits de l'enfant[62] érige en principe fondamental l'intérêt supérieur de l'enfant, estimant dès lors que lorsque l'enfant peut être lésé

[61] Arguments suivants tirés de l'article de Caroline Eliacheff, « L'enfant éloigné de son parent incarcéré », *Les liens familiaux à l'épreuve du pénal*, ERES « Hors collection », 2002, p. 37-50.

[62] 1° de l'article 3 de la convention internationale des droits de l'enfant « Dans toutes les décisions qui concernent les enfants, qu'elles soient le fait des institutions publiques ou privées de protection sociale, des tribunaux, des autorités administratives ou des organes législatifs, l'intérêt supérieur de l'enfant doit être une considération primordiale. ».

par une décision, ses intérêts doivent toujours primer. Cet article est complété et illustré par l'article 8 de la même convention, selon lequel les Etats doivent respecter le droit de l'enfant de préserver ses relations familiales. L'article 9 prescrit quant à lui que l'enfant a le droit d'entretenir des relations régulières et contacts directs avec ses parents, et l'article 10 consacre le droit à la réunification familiale. Tandis que le maintien des liens de l'enfant avec sa mère est textuellement bien protégé en droit international, la Cour européenne des droits de l'homme y contribue de manière implicite : l'intérêt supérieur de l'enfant est pris en compte à de nombreuses occasions en se référant au droit au respect de la vie privée et familiale (article 8 de la convention européenne des droits de l'Homme)[63]. L'article 371-4 du code civil français dispose encore que l'enfant a le droit d'entretenir des relations personnelles avec ses ascendants, sauf si son intérêt supérieur y est contraire. Considérant ces textes et cette jurisprudence, le droit pénal français a permis la prise en compte de l'intérêt de l'enfant à propos de l'incarcération de sa mère et d'envisager l'emprisonnement en dernier recours. C'est ainsi qu'entre autres, l'article 145-5 du code de procédure pénale prévoit que le placement en détention provisoire de la mère peut dépendre de l'exercice de son autorité parentale sur son enfant de moins de 16 ans ayant chez elle sa résidence habituelle. L'article 729-3 du même code permet une libération conditionnelle de la détenue en fonction une nouvelle fois de l'exercice de son autorité parentale, que les articles 132-25 à 132-26-1 du code pénal octroient la possibilité d'exécuter la peine à l'extérieur d'un établissement carcéral en fonction de la participation à la vie de famille. L'intérêt supérieur de l'enfant commande donc de maintenir les liens qui l'unissent à sa mère, et ce

63 MENABE Catherine, *Réflexions critiques sur la criminalité féminine*, Thèse pour le Doctorat en Droit, Université de Lorraine, Nancy, 2013, §355, p. 383.

même lorsque celle-ci est incarcérée. Il est alors regrettable que certaines sanctions disciplinaires aient pour objet ou conséquence la privation du droit de visite, l'un des moyens de maintien desdits liens[64].

§ 2. Les moyens de maintien du lien mère-enfant

Au sein des établissements pénitentiaires français, les détenues disposent de plusieurs moyens de maintenir leurs relations avec l'extérieur et notamment avec leur famille et leurs enfants. Les liens familiaux peuvent être maintenus par le biais de rencontres (A), et par le biais de dispositifs de correspondance (B).

A. Les rencontres entre les détenues et leur famille

Les possibilités de rencontre entre la détenue et sa famille sont au nombre de trois : visites, permissions de sortir, et Unités de Vie Familiale. Les règles pénitentiaires européennes 24.4 et 24.5 prévoient que « les modalités des visites doivent permettre aux détenus de maintenir et de développer des relations familiales de façon aussi normale que possible ». Par conséquent, le droit interne a pris nombre de dispositions de manière à se conformer aux exigences européennes.

Pour commencer, le maintien des liens familiaux peut s'exercer par des visites[65]. Le membre de la famille se déplaçant dans l'établissement pénitentiaire doit être doté d'un permis de visite, en principe accordé par le chef d'établissement. Naturellement, plusieurs exceptions sont envisagées concernant la délivrance, le refus, la suspension

---

64 MENABE Catherine, *Réflexions critiques sur la criminalité féminine*, Thèse pour le Doctorat en Droit, Université de Lorraine, Nancy, 2013, §357, p. 385.

65 Art. 35 de la loi pénitentiaire.

ou le retrait des permis de visite[66]. Au sein du milieu carcéral, les visites peuvent avoir lieu dans des parloirs traditionnels – sans dispositif de séparation (sauf exceptions[67]) –, dans des parloirs enfants[68] ou en théorie dans des parloirs familiaux[69]. De plus, la permission de sortir, autorisant une condamnée à s'absenter du milieu carcéral, a pour objet « de maintenir ses liens familiaux »[70]. De nombreuses conditions d'octroi de la permission de sortir sont mises en place[71], tenant notamment à la durée de la peine prononcée ou au reliquat de peine. Les femmes remplissant les conditions peuvent se voir accorder une permission de sortir pour une durée déterminée, en fonction de leur situation[72]. Or, les permissions de sortir sont insuffisamment accordées et de nombreuses femmes n'ont regrettablement pas de possibilités de logement à l'extérieur. Pour finir, outre les visites et les permissions de sortir, les Unités de Vie Familiale (UVF) permettent aussi à la détenue de renouer un lien avec l'enfant. Concept ancien, les UVF ont enfin été consacrées législativement en 2009, après de nombreuses expérimenta-

66 « II- Délivrance, refus, suspension, et retrait du permis de visite » de la circulaire du 20 février 2012 relative au maintien des liens extérieurs des personnes détenues par les visites ou l'envoi et la réception d'objets, NOR: JUSK1140029C, BOMJL, n°2012-02, 29 février 2012.

67 *Idem.*

68 CLEMENT-BARTHEZ Colette, « Le cadre légal des droits de l'enfant lorsque son ou ses parent(s) sont incarcérés », Etude publiée par l'UFRAMA, 2015, p. 4.

69 Les parloirs familiaux, petites salles de 12 à 15 mètres carrés, n'existent qu'en maison centrale ou quartier maison centrale, où aucune femme n'est actuellement incarcérée.

70 Art. 723-3 C. pr. pén..

71 Art. D145 et s. C. pr. pén..

72 MENABE Catherine, *Réflexions critiques sur la criminalité féminine*, Thèse pour le Doctorat en Droit, Université de Lorraine, Nancy, 2013, p. 374.

tions[73]. Petit appartement de type F3, les UVF sont régies par l'article 36 de la loi pénitentiaire de 2009 et l'article R.57-8-14 du code de procédure pénale.

Si les rencontres semblent le meilleur moyen de préserver le lien mère-enfant, d'autres viennent s'y ajouter.

B. Les modes de communication indirects

A l'instar des possibilités de rencontre, les possibilités de maintenir les liens avec l'extérieur de manière non directe sont au nombre de trois : les correspondances écrites, les correspondances téléphoniques, et l'envoi ou la réception d'objets[74]. Chaque moyen de communication est régi de façon stricte en droit français, obéissant à un principe et des dérogations.

Tout d'abord, la règle pénitentiaire européenne 24.1 pose le principe des correspondances illimitées[75]. Les correspondances écrites et téléphoniques en font donc partie. Les condamnées peuvent correspondre par écrit avec la personne de leur choix, aussi fréquemment qu'elles le désirent[76]. Elles ont de plus la possibilité d'entretenir des correspondances téléphoniques avec leur famille, ayant en principe

---

73 MENABE Catherine, *Réflexions critiques sur la criminalité féminine*, Thèse pour le Doctorat en Droit, Université de Lorraine, Nancy, 2013, §344, p. 375.

74 Respectivement : art. 40 LP ; art. 39 LP ; Circulaire du 20 février 2012 relative au maintien des liens extérieurs des personnes détenues par les visites ou l'envoi et la réception d'objets, NOR: JUSK1140029C, BOMJL, n°2012-02, 29 février 2012.

75 MENABE Catherine, *Réflexions critiques sur la criminalité féminine*, Thèse pour le Doctorat en Droit, Université de Lorraine, Nancy, 2013, §340, p. 372.

76 Art. R. 57-8-16 C. pr. pén..

librement accès au téléphone[77]. Cependant, le principe de correspondances illimitées connaît des dérogations. Effectivement, il est possible que l'accès au téléphone soit refusé, suspendu ou retiré pour des raisons de maintien du bon ordre et de la sécurité ou la prévention d'infractions[78]. Semblablement, les courriers des condamnées peuvent être retenus par l'administration pénitentiaire s'ils risquent de « compromettre gravement leur réinsertion ou le maintien du bon ordre et de la sécurité »[79].

Par ailleurs, si la réception et l'envoi d'objets vers l'extérieur sont en principe interdits[80], il existe toutefois des exceptions à ce principe. L'article A40-2 du code de procédure pénale dresse la liste des objets dont la réception et l'envoi sont autorisés : parmi ceux-ci, nous pouvons retrouver ainsi les « documents relatifs à la vie familiale et permettant l'exercice de l'autorité parentale »[81], comme les demandes de carnets de santé, les documents scolaires, les autorisations d'interventions chirurgicales ou encore les autorisations de sorties du territoire. De ce fait, la femme détenue peut légitimement espérer pouvoir maintenir son rôle de mère et continuer à suivre l'éducation de ses enfants malgré son incarcération. La remise de ces biens est soumise à un contrôle de l'administration pénitentiaire, nécessaire à la prévention des évasions et au maintien de la sécurité et du bon ordre dans l'établissement. La remise peut se faire de différentes façons : dépôt ou retrait à l'établissement pénitentiaire, colis postal, ou remise lors des visites.

---

77 MENABE Catherine, *Réflexions critiques sur la criminalité féminine*, Thèse pour le Doctorat en Droit, Université de Lorraine, Nancy, 2013, §342, p. 372.

78 Art. 39 C. pr. pén..

79 Art 40 C. pr. pén..

80 Art. D.430 C. pr. pén..

81 Art. A40-2 C. pr. pén..

Tous ces moyens permettent alors en théorie à la femme mère et détenue d'exercer ce droit essentiel qu'est le maintien des liens familiaux, conformément aux exigences supranationales.

Section 2. Un droit regrettablement inefficient

Malgré les moyens mis en œuvre par la législation française, le droit au maintien des liens familiaux reste difficile d'application compte tenu de la situation même de la détenue (Paragraphe 1). A travers les conditions d'incarcération des détenues étrangères et les pratiques pénitentiaires de pays tiers, il est indéniable que le système carcéral français est à bout de souffle et nécessiterait d'être totalement repensé quant au maintien du lien mère-enfant (Paragraphe 2).

§ 1. La difficile conciliation de l'exécution de la peine privative de liberté et du maintien des liens familiaux

Le fait pour une femme d'être incarcérée ne remet nullement en cause son rôle de mère de famille. De ce fait, celle-ci conserve son droit de voir son ou ses enfants et de participer à leur éducation. Pour autant, il est probable que la famille doive faire face à des difficultés pour se rencontrer ou que les visites n'aient pas les effets escomptés[82] (A). De surcroît, l'exercice de l'autorité parentale peut sembler compromis (B).

---

[82] Bureau Quaker auprès des Nations Unies, « Parents en prison : les effets sur leurs enfants », par Olivier ROBERTSON, avril 2007, p. 24-28.

A. Inaccessibilité des lieux de détention et effets négatifs des visites

On ne cesse de préconiser les rencontres entre l'enfant et sa mère détenue, celles-ci étant perçues comme le meilleur moyen de maintenir le lien les unissant. Seulement, les enfants souhaitant visiter leur mère en détention peuvent éprouver des difficultés de tout ordre à concrétiser ce souhait, malgré le rôle croissant des associations œuvrant pour le maintien des liens familiaux, et notamment la FREP qui offre un accompagnement et un soutien aux enfants de détenues[83].

Avant toute chose, la distance paraît être la variable qui pose le plus de problèmes. En effet, les quartiers où sont incarcérées les femmes sont peu nombreux en France et de ce fait, les femmes sont souvent incarcérées dans des zones lointaines de leur domicile[84]. Cela engendre par conséquent des frais importants, tant pour le trajet, que pour la nourriture et l'éventuel logement. De même, les prisons ne sont en général pas ou peu desservies par les transports en commun, l'enfant devant donc se déplacer par ses propres moyens et dès lors trouver quelqu'un de disponible pour l'accompagner. C'est ainsi que de nombreux enfants ne se déplacent pas en milieu carcéral pour rendre visite à leur mère, tout simplement car ils n'ont personne pour les accompagner (manque d'adulte disponible, ou ne pouvant pas obtenir de congé afin de rester avec l'enfant, etc.) et qu'ils ne

---

83 Réseau partenarial de l'AP, Associations nationales d'aide aux personnes détenues et sortants de prison, http://www.justice.gouv.fr/prison-et-reinsertion-10036/ladministration-penitentiaire-10037/reseau-partenarial-de-lap-12014.html.

84 71 % des femmes sont incarcérées dans le Nord de la France, MENABE Catherine, *Réflexions critiques sur la criminalité féminine*, Thèse pour le Doctorat en Droit, Université de Lorraine, Nancy, 2013, §352, p. 379.

souhaitent pas y aller seuls. Parfois encore, les enfants se trouvent dans l'impossibilité de visiter leur parent incarcéré compte tenu des réservations à effectuer avec les autorités carcérales. Pour toutes ces raisons, le maintien du lien mère-enfant grâce aux visites semble complexe, d'autant plus que celles-ci peuvent se révéler plus néfastes que bénéfiques.

Concrètement, plusieurs axes peuvent être développés. Tout d'abord, le milieu carcéral hostile et sombre apparaît comme peu adapté aux enfants, l'architecture de la prison et tous les moyens mis en œuvre pour le maintien de la sécurité pouvant l'impressionner ou l'effrayer. Malgré les avancées et les efforts de l'administration pénitentiaire pour rendre les visites plus agréables, certains environnements demeurent inadéquats. « Les rencontres dans les environnements austères ou peu accueillants, ou assorties de restrictions sur ce qui est autorisé (...) peuvent ne pas convenir aux enfants et les perturber ». Ajoutons à cela les attitudes occasionnellement négatives du personnel et l'absence d'intimité entre la mère et l'enfant. Il semblerait judicieux que des mesures soient prises en conséquence afin d'améliorer les conditions de rencontre des familles, ces rencontres étant nécessaires au bien-être des enfants et des détenues et permettant par conséquent de lutter contre la récidive.

B. L'exercice de l'autorité parentale : de la théorie à la pratique

Au sens de l'article 371-1 du Code Civil, « l'autorité parentale est un ensemble de droits et de devoirs ayant pour finalité l'intérêt de l'enfant ». Dans le cas où la mère de famille a fait l'objet d'une condamnation pénale, elle conserve son autorité parentale à l'égard de son ou ses enfants, sauf si le juge aux affaires familiales a jugé opportun de lui retirer[85]. En cas de retrait, elle garde incontestablement un lien avec son enfant : elle bénéficie, entre autres et selon le type de retrait, d'un droit de visite et d'hébergement (qui peut lui être refusé ou retiré dans l'intérêt de l'enfant), son droit et son devoir de surveiller l'entretien et l'éducation de l'enfant, et se doit d'être informée des choix importants sur la vie de son enfant[86].

Deux situations distinctes se posent alors lorsque la mère conserve son autorité parentale : quand celle-ci était exercée par les deux parents avant l'incarcération de la mère, le père peut agir seul, conformément à la volonté de la détenue et en respectant son devoir d'information. *A contrario*, lorsque l'autorité parentale était exercée uniquement par la mère, l'enfant ne peut plus résider auprès d'elle et celle-ci devra alors soit confier son enfant de manière temporaire à son entourage ou à des services sociaux, soit devra déléguer son autorité parentale[87].

Si en théorie la détenue conserve son droit, plusieurs problématiques sont décelables en pratique. Tout d'abord, l'on peut observer une inversion de la dynamique parent-enfant[88]. Le parent incarcéré connaît des difficultés à garder son rôle et à dominer la relation, à exercer de façon efficace son autorité, l'enfant profitant de l'enfermement de

---

85 Art. 373 C. civ. « Est privé de l'exercice de l'autorité parentale le père ou la mère qui est hors d'état de manifester sa volonté, en raison de son incapacité, de son absence ou de toute autre cause. » ; il est dès lors légitime de penser que l'absence d'un parent par son incarcération constitue une cause de retrait de l'autorité parentale.

86 Informations issues du C. civ., Section 4 : Du retrait total ou partiel de l'autorité parentale, art. 378 et s..

87 Art. 377 et s. C. civ.

88 Bureau Quaker auprès des Nations Unies, « Parents en prison : les effets sur leurs enfants », par Olivier ROBERTSON, avril 2007, p. 23.

celui-ci pour le provoquer par une pression voire des menaces, les visites étant par exemple liées au bon vouloir de la personne se trouvant à l'extérieur. De plus, la volonté de la détenue incarcérée ne sera pas toujours respectée par le parent présent à l'extérieur, celle-ci n'ayant de nouveau aucun recours effectif afin de vérifier l'application de sa volonté (hormis la saisine du juge aux affaires familiales). Finalement, pour que la personne condamnée puisse exercer de manière percutante l'exercice de son droit, elle devrait pouvoir disposer librement de tous les documents nécessaires et relatifs à l'enfant. Or, ceux-ci doivent être présentés par les personnes s'occupant de l'enfant à l'extérieur lors des visites, de façon à ce que la détenue en prenne connaissance[89] ou bien être envoyés par courrier[90]. Dans les deux cas, ces documents doivent avoir fait l'objet d'un contrôle préalable. En outre, la conservation des documents par la détenue est soumise à approbation du chef d'établissement pénitentiaire[91].

La mère de famille se trouve ainsi dans une situation fragile, où la continuité du lien mère-enfant n'est pas réellement assurée de manière infaillible. Mais qu'en est-il alors des détenues étrangères incarcérées en France ? Comment les autres pays européens et mondiaux font-ils face à une telle situation ?

---

[89] Note de la Direction de l'Administration Pénitentiaire relative à l'exercice de l'autorité parentale par les personnes placées sous main de justice, 17 novembre 2000.

[90] « V-Envoi et réception d'objets » de la circulaire du 20 février 2012 relative au maintien des liens extérieurs des personnes détenues par les visites ou l'envoi et la réception d'objets, NOR: JUSK1140029C, BOMJL, n°2012-02, 29 février 2012.

[91] Note de la Direction de l'Administration Pénitentiaire relative à l'exercice de l'autorité parentale par les personnes placées sous main de justice, 17 novembre 2000.

§ 2. L'insuffisance du système pénitentiaire français : un besoin impérieux de novation

De nombreuses difficultés sont rencontrées par les femmes françaises incarcérées pour assurer leur rôle de mère de famille. Cependant, les établissements pénitentiaires français détiennent également derrière les barreaux des femmes étrangères pour qui « l'isolement est quasi-total »[92], illustrant parfaitement l'une des plus grosses déficiences de notre système carcéral (A). Il est indispensable et urgent que la France, pays dit « des Droits de l'Homme », s'inspire des systèmes d'autres Etats pour améliorer les conditions de détention de ses détenues (B).

A. La situation des détenues de nationalité étrangère

En admettant qu'elles ne représentent qu'une minorité de la population carcérale[93], les détenues étrangères sont pourtant à prendre en compte. Généralement condamnées pour des infractions liées au trafic de stupéfiants, ces « mules »[94] se retrouvent incarcérées au sein d'un pays qui n'est pas le leur et dont elles ne comprennent souvent pas la langue. Celles-ci se retrouvent dans des situations d'isolement réellement plus difficiles que les détenues françaises, et ce pour plusieurs raisons.

En premier lieu, leur famille résidant la plupart du temps dans leur pays d'origine, il leur est presque impossible de venir rendre visite à la détenue, pour des raisons de coûts

---

92 MENABE Catherine, *Réflexions critiques sur la criminalité féminine*, Thèse pour le Doctorat en Droit, Université de Lorraine, Nancy, 2013, §353, p. 381.

93 18,5 % des personnes écrouées étaient de nationalité étrangère (hommes et femmes) au 18 janvier 2014

94 Passeurs de drogue.

mais aussi de règles pénitentiaires (prise de rendez-vous, retard, durée des parloirs autorisés)[95]. Quand bien même la famille de la détenue s'est installée auparavant en France, la majorité est en situation irrégulière et ne pourra, par conséquent, obtenir de permis de visite. En effet, les parloirs sont autorisés dans les établissements pénitentiaires français uniquement grâce à un permis de visite, permis délivré par les autorités lorsque le demandeur possède des papiers d'identité en règle[96]. Par ailleurs, lorsqu'un permis de visite est obtenu et qu'un membre de la famille a la possibilité de rencontrer la condamnée, une nouvelle difficulté apparaît : la langue utilisée durant les rencontres doit être le français, ou bien une langue qui peut être comprise par les surveillants (sauf autorisation du chef d'établissement)[97]. Il va sans dire que ces règles limitent drastiquement les possibilités pour la famille de communiquer.

Il en est de même avec les correspondances écrites ou téléphoniques, qui doivent elles aussi avoir lieu en français ou dans une langue compréhensible[98]. De plus, en 2014 (et sûrement encore aujourd'hui) les détenues étrangères éprouvaient des difficultés financières quant au prix des appels vers leur pays ou au prix des lettres[99]. Enfin, l'accès au

---

95 Avis du CGLPL du 9 mai 2014 relatif à la situation des personnes étrangères détenues, NOR : CPLX1411703V.

96 MENABE Catherine, *Réflexions critiques sur la criminalité féminine*, Thèse pour le Doctorat en Droit, Université de Lorraine, Nancy, 2013, §353, p. 381.

97 *Idem.*

98 *Ibid*, note de bas de page n°1621, p. 381.

99 Avis du CGLPL du 9 mai 2014 relatif à la situation des personnes étrangères détenues, NOR : CPLX1411703V.

téléphone est critiquable, eu égard aux formalités, coûts, et horaires inadaptés[100] .

Si la détenue française rencontre des obstacles au maintien de ses liens familiaux et à la conservation de son rôle de mère de famille, c'est alors davantage le cas pour la détenue étrangère qui subira majoritairement un isolement plus important. Il est ainsi plus que recommandable que la France prenne exemple sur des pratiques étrangères.

B. Les modèles étrangers

Le Bureau Quaker auprès des Nations Unies a publié une étude concernant les mères en prison et les enfants de mères emprisonnées dans le monde. De celle-ci ressort des comparaisons entre pays à propos des conditions de détention des femmes et souligne des pratiques dont nos politiques devraient s'inspirer. Quand bien même ce travail a été publié en 2007, ces pratiques ne paraissent pas obsolètes et il serait dès lors louable que la France s'y intéresse.

Pour commencer, il est important de citer qu'au Royaume-Uni, les détenus hommes avaient la possibilité d'enregistrer la lecture d'un livre pour leurs enfants. Ce programme a eu de nombreux effets positifs, dont l'amélioration de l'estime de soi du prisonnier, également de l'alphabétisation des prisonniers et des enfants. Ces histoires leur donnèrent de surcroît des sujets de discussions lors des visites et on nota que les enfants étaient rassurés d'entendre la voix de leur père.

Par ailleurs, à la Maison Tanguay de Montréal, au Canada, le programme CFAD (Continuité famille auprès des détenues) a permis aux enfants, entre autres, de passer deux

100 Dû au décalage horaire entre la France et les pays étrangers où résident les familles des femmes de nationalité étrangère incarcérées.

jours par semaine avec leur mère dans une caravane sur le terrain de l'institution.

Une autre bonne pratique a été rapportée dans l'Etat de Victoria, en Australie, où les besoins de l'enfant ont été pris en compte afin de les accueillir dans un environnement adapté et paisible, disposant de jouets, où ils pouvaient passer du temps avec leur père détenu, mais aussi, par exemple, rencontrer ceux-ci sans l'omniprésence d'un surveillant.

Pour finir, au Kenya et en Chine existe le concept des « journées de parents à distance »[101].

Autant d'expériences que la France devrait imiter dans le but de mettre en place de nouveaux programmes pour favoriser les liens familiaux et ainsi lutter contre la récidive ; la vie de famille étant une donnée primordiale et essentielle dans la prévention de la réitération des infractions.

Nonobstant les efforts de la législation française pour prendre en compte la minorité de détenus que constituent les femmes, celles-ci subissent encore des atteintes excessives au maintien de leurs lien mère-enfant et de ce fait à leur

---

101 Au Kenya, un département du ministère des affaires intérieures est en charge, entre autres, de veiller aux conditions de détention des condamnés, de faciliter l'administration de la justice, la réhabilitation, l'intégration sociale et la protection communautaire. Pour se faire, des innovations ont été mises en place pour améliorer les services offerts aux détenus et notamment les « journées de parents à distance », s'inscrivant dans le cadre de la réinsertion par le maintien des liens familiaux. Elles ont lieu à la fin de chaque trimestre scolaire. Lors de ces journées, les détenus ont la possibilité de passer du temps avec les membres de leur famille de façon illimitée. Les associations caritatives fournissent des repas, collations et activités pour cet évènement. Une association d'aide aux droits des personnes atteintes de troubles mentaux intervient en amont pour préparer les détenues et est également présente lors de cette journée afin de leur apporter un soutien émotionnel et psychologique.

droit fondamental au respect de la vie privée et familiale consacré par l'article 8 de la Convention de sauvegarde des droits de l'Homme et des libertés fondamentales. Il serait bon que les autorités carcérales ainsi que les politiques français prennent des mesures contre l'isolement de ces femmes détenues et mères de famille.

Après avoir analysé le maintien des relations familiales d'un point de vue plutôt interne au milieu carcéral, il convient désormais de considérer la situation sous un angle extérieur.

Chapitre 2. Les incidences sur l'enfant de la détention maternelle

Les « victimes cachées de la prison », « orphelins de la justice », « Cendrillons de la pénologie », « victimes cachées du boom carcéral »[102] ; autant de termes utilisés pour tenter de décrire les enfants de condamnés[103]. Souvent oubliés, ils sont pourtant au cœur des controverses concernant le maintien des liens familiaux des écroués détenus. Les expressions sus-citées supposent, de par la force des mots choisis, les effets néfastes de l'incarcération parentale sur les enfants.

Il s'avère alors légitime de se demander si l'incarcération de la mère de famille est réellement un facteur de troubles dans la vie de l'enfant. Si les effets indésirables sur les enfants sont évidents (Section 1), ils n'en demeurent pas moins singuliers et propres à chaque enfant puisque dépendent de différents contextes, comme par exemple le contexte social, familial, ou encore économique (Section 2).

Section 1. L'incarcération maternelle : un évènement traumatique de l'enfance

L'intérêt supérieur de l'enfant commande que celui-ci soit protégé en priorité de toute décision qui pourrait lui être

---

102 Expressions tirées de l'article de MURRAY Joseph et FARRINGTON David P., « Les effets sur l'enfant de l'incarcération parentale », *AJ pén.*, 2011, n°9, p. 398.

103 *Idem.*

préjudiciable[104]. Toutefois, nous pouvons avancer à bon droit que les intérêts de l'enfant ne priment pas toujours (paragraphe 1). En découlent des conséquences psychologiques bien évidemment dommageables pour l'enfant (paragraphe 2), qui auraient pu être amoindries si son intérêt avait été une « considération primordiale »[105].

§ 1. L'insuffisante prise en considération de l'intérêt supérieur de l'enfant

Malgré le principe de primauté de l'intérêt supérieur de l'enfant, ces derniers sont regrettablement évincés et oubliés durant toute la procédure pénale (A). La justice française aurait pourtant tout intérêt à considérer l'incarcération de la mère de famille comme dernier recours, la carence en soins maternels ayant de nombreuses conséquences sur l'enfant et l'adolescent (B).

A. L'indifférence de la procédure pénale aux enfants de l'auteur de l'infraction

Alors que l'incarcération d'une mère peut avoir des conséquences positives sur certains enfants, notamment lorsque ceux-ci étaient victimes de maltraitances ou de violences familiales ou lorsque leur vie quotidienne était instable (chaotique et perturbée compte tenu du comportement de la mère) ; d'autres enfants se voient lésés par leur évincement du cycle pénal[106]. L'intérêt supérieur de l'enfant étant une

---

104 1° de l'art. 3 de la Convention internationale des droits de l'enfant « Dans toutes les décisions qui concernent les enfants, qu'elles soient le fait des institutions publiques ou privées de protection sociale, des tribunaux, des autorités administratives ou des organes législatifs, l'intérêt supérieur de l'enfant doit être une considération primordiale. ».

105 *Idem.*

106 Arguments suivants tirés de l'étude du Bureau Quaker auprès des Nations Unies, « Parents en prison : les effets sur leurs enfants », par Olivier ROBERTSON, avril 2007, p. 15-19.

notion complexe à définir et à délimiter, nous partirons du postulat que l'absence de prise en compte des enfants lors de la procédure pénale est attentatoire à ce principe.

L'arrestation est sans doute l'évènement le plus traumatisant auquel l'enfant de mère incarcérée peut assister. En effet, lorsque l'enfant est présent sur le lieu de l'arrestation, n'étant absolument pas protégé voire oublié, il peut alors se retrouver face aux forces de l'ordre armées ou voir sa mère porter menottes et entraves. Une grande détresse et angoisse de séparation de l'enfant est décelable quant au sort de la mère qui lui est enlevé. Elle éprouvera le même sentiment quant au sort de son enfant. Ensuite, lorsque les autorités judiciaires ont des motifs raisonnables de soupçonner la figure maternelle d'avoir commis un délit[107], elle peut être placée en détention provisoire. Plusieurs difficultés apparaissent alors et l'enfant peut éprouver des complications à mener une vie normale[108]. La lenteur des procédures judiciaires entraîne une privation longue et douloureuse de la mère alors même qu'elle n'est pas encore passée en jugement et les restrictions concernant les échanges avec l'extérieur étant plus sévères qu'en détention, il est difficile de maintenir le lien mère-enfant. La perte de travail de la mère peut également causer des difficultés financières à la famille. De plus, l'angoisse de séparation des enfants envers le sort de leur mère est toujours présente. Pour finir, les enfants sont également tenus à l'écart du procès et de la condamnation pénale puisque peu importe leur âge, la procédure judiciaire est difficile à suivre, ce qui accroit leur sentiment d'aliénation. Ajoutons que l'incertitude quant au résultat du procès induit inévitablement un stress pour l'enfant qui sera d'autant plus choqué si sa mère est jugée coupable et condamnée à une peine privative de liberté. Effectivement, les

107 Art. 143-1 et s. C. pr. pén..

108 Aller à l'école, recevoir des repas chauds…

enfants sont habituellement un facteur susceptible d'influencer le prononcé de la peine[109]. Cependant, il est plus que nécessaire de recourir à des peines de substitution pour enfin respecter le principe de primauté de l'intérêt de l'enfant.

B. Incarcération : mesure de dernier recours

Considérant le lien mère-enfant comme garant de la réinsertion sociale de la mère et avant tout du bien-être mental de l'enfant, les peines de substitution s'imposent alors comme la solution la plus efficace contre la rupture de ce lien.

La réaction d'un enfant à la privation de sa mère et à l'enfermement de celle-ci est propre à chacun et de ce fait ne peut vraisemblablement pas être généralisée. De plus, les conséquences varient également en fonction de l'âge de l'enfant : son développement psycho-affectif dicte les besoins nécessaires au fur et à mesure du temps et, par conséquent, l'apport de soins maternels n'est pas le même selon la phase de développement que traverse l'enfant. Cependant, plusieurs études ont mis en évidence des sentiments de honte, de crainte, d'abandon, de perte, de culpabilité et de dévalorisation d'eux-mêmes[110]. L'incarcération de la mère a également un impact sur la santé physique ou mentale de son enfant, et ce dernier est aussi bien sujet à la dépression qu'au stress (pouvant être un stress

---

109 Hormis pour les femmes enceintes, MENABE Catherine, *Réflexions critiques sur la criminalité féminine*, Thèse pour le Doctorat en Droit, Université de Lorraine, Nancy, 2013, §370, p. 393.

Les art. 132-25 à 132-26-1 du C.pén. et l'art. 723-15 du C. pr. pén. permettent de prendre en compte la situation familiale de la personne concernée.

110 Bureau Quaker auprès des Nations Unies, « Parents en prison : les effets sur leurs enfants », par Olivier ROBERTSON, avril 2007.

post-traumatique[111] lié par exemple à l'arrestation du parent). Par ailleurs, l'enfant vivant sans sa mère subit fatalement des carences affectives, plus ou moins importantes d'après son niveau de maturation et pouvant engendrer par la suite des états psychotiques, dépressifs, ou encore des maladies psychosomatiques[112]. Outre les séquelles dues aux carences de soins maternels et les sentiments divers ressentis par l'enfant, la théorie de l'attachement implique elle aussi que la séparation du *caregiver*[113] ou de fréquents changements de celui-ci peuvent être la source de psychopathologies. Pour toutes ces raisons, la détention de la mère n'est pas souhaitable eu égard à la santé psychique de l'enfant. Afin de pallier l'obligation de l'enfant de vivre et grandir sans sa figure maternelle de référence, de nombreuses peines alternatives à la privation de liberté[114] ou encore aménagements de peine[115] devraient être prononcés plus souvent pour les condamnées (coupables d'un délit ou d'un crime) femmes et mères. On y retrouve la contrainte pénale, le travail d'intérêt général, les

---

111 L'état de stress post-traumatique ou ESPT (traduction du *post-traumatic stress disorder*) est caractérisé par la survenance de symptômes faisant suite à un évènement traumatique. Le diagnostic doit répondre à plusieurs critères rigoureux avant d'être posé. N. Chidiac, L. Crocq, « Le Psychotrauma (III) - Névrose traumatique et état de stress posttraumatique », Annales Médico-Psychologiques, Revue Psychiatrique, Elsevier Masson, 2011.

112 Soulé, Michel, Kathlen Lauzanne, et Nelly Leblanc. « 148. La carence des soins maternels et ses effets », Nouveau traité de psychiatrie de l'enfant et de l'adolescent. 4 volumes. Presses Universitaires de France, 2004, pp. 2529-2548.

113 Figure d'attachement de l'enfant, personne qui en prend soin.

114 Le système des peines alternatives est un principe de droit pénal selon lequel toutes les peines étant équivalentes le juge répressif peut, librement, choisir pour sanctionner une infraction de retenir l'une ou l'autre des peines légalement encourues.

115 Respectivement l'art. 713-124 et s. C. pr. pén. ; art. 733-1 et s. C. pr. pén. ; 131-5 C. pén. ; art. 763-1 et s. C. pr. pén. ; art. 723 et s. C. pr. pén. ; art. 734 et s. C. pr. pén..

jours-amende, le suivi socio-judiciaire, le placement à l'extérieur, la semi-liberté ou encore le placement sous surveillance électronique mobile. De la même manière, le sursis simple et le sursis avec mise à l'épreuve permettent d'exécuter la peine en respectant des devoirs et obligations tout en restant libre. Il en va du bien-être de l'enfant de favoriser ces mesures, et d'ainsi contourner les effets néfastes de l'enfermement.

§ 2. L'enfant face au traumatisme

« Il est [...] indiscutable que le comportement de l'enfant change de manière péjorative avec l'incarcération »[116], écrit M. Herzog-Evans. Il est vrai qu'il est incontestable que l'enfermement maternel touche la sphère familiale et nécessairement les enfants. Malgré la pauvreté d'études à ce sujet, deux problématiques peuvent être discutées : les effets à court terme (A) et les effets à long terme (B).

A. Les effets de l'incarcération maternelle à court terme

Ils auraient été, en France en 2014, près de 84 309 enfants concernés par l'incarcération d'un de leur parent[117]. Malgré ces chiffres alarmants, le système juridique parait rester indifférent au sort de ces enfants subissant dès lors eux aussi les conséquences de la privation de liberté de leur parent, et notamment de leur mère. Cela se traduit en pre-

---

116 HERZOG-EVANS Martine, « Les enfants de détenus : "The orphans of justice" », *Lamy Droit Civil*, 2011, NS 87, Supplément « Le statut de l'enfant depuis la Convention internationale relative aux droits de l'enfant », Etude, p. 32-35.

117 Kate Philbrick, Liz Ayre et Hannah Lynn, "Children of imprisoned parents, European perspectives on good practice", seconde édition, 2014, p. 16.

mier lieu par des effets à court terme[118] : aucun enfant n'est préparé à vivre sans sa mère. De manière concrète, l'enfant supporte une situation instable et incertaine, caractérisée tout d'abord par un changement important dans son environnement. Il peut être amené à changer de quartier, d'école, et par la même occasion perdre le soutien qui aurait pu lui être apporté par son entourage. Il est de plus en général victime de stigmatisation de la part des autres enfants, ce qui peut mener à une brutalité de ceux-ci et à un accroissement du sentiment de honte de l'enfant dont la mère est en prison. Il n'est encore pas rare que l'enfant suffisamment mature s'empare du rôle parental en accomplissant les tâches de la vie quotidienne et en s'occupant de ses frères et sœurs[119]. Par-dessus tout, l'enfant devra faire face à la séparation d'avec sa figure d'attachement et d'identification primordiale.

L'instabilité de cette situation est aussi visible de par les multiples changements de personnes responsables des enfants ainsi que des changements de lieux de vie : à l'incarcération de la mère, certains enfants continuent parfois de vivre seuls alors que d'autres sont confiés à l'entourage, la famille[120], ou aux services sociaux. Cependant, dans la majo-

---

118 *Idem.* ; Bureau Quaker auprès des Nations Unies, « Parents en prison : les effets sur leurs enfants », par Olivier ROBERTSON, avril 2007, p. 20-42.

119 Concernant les enfants entre 11 et 15 ans, HERZOG-EVANS Martine, « Les enfants de détenus : "The orphans of justice" », *Lamy Droit Civil*, 2011, NS 87, Supplément « Le statut de l'enfant depuis la Convention internationale relative aux droits de l'enfant », Etude, p. 32-35.

120 « Maman, ne t'en fais pas, je m'occupe des petits avec mémé », paroles d'une enfant de détenue communiquant avec sa mère écrouée, grâce à une émission de radio, BOH-PETIT Dominique, *Quartier-femmes écrou 10970*, l'Harmattan, 2015, p. 54.

rité des cas, ces personnes changent continuellement[121], à l'instar des nouveaux domiciles[122] et causent chez l'enfant une perte de repères, de stabilité, un appauvrissement des relations affectives pourtant extrêmement structurantes, et un manque de qualité des soins qui leur sont apportés. Il est également possible que les frères et sœurs connaissent une séparation, excluant l'enfant encore plus de l'environnement affectif et symbolique dans lequel il était inscrit.

En outre, il ressort de la scolarité des enfants un manque d'implication, de motivation, et des résultats scolaires insuffisants[123].

Anxiété, terreurs nocturnes, énurésie, agressivité, dépression, violence, et stress réactionnel[124] peuvent être ajoutés à la liste non exhaustive de symptômes de ces enfants victimes, en grande souffrance, et pourtant innocents.

B. Les effets de l'incarcération maternelle à long terme

Outre les conséquences à court terme, il convient désormais d'examiner les séquelles à long terme que produit l'incarcération de la mère sur son enfant. Les études à ce

---

121 Par exemple pour les enfants placés, ou quand les personnes qui les prennent en charge rencontrent trop de problèmes, cette situation s'apparentant à « vivre dans une prison sans barreaux », Bureau Quaker auprès des Nations Unies, « Parents en prison : les effets sur leurs enfants », par Olivier ROBERTSON, avril 2007, p. 37-39.

122 Certains lieux sont dangereux et les enfants y sont maltraités, *Idem.*

123 Concernant les enfants entre 4 et 15 ans, HERZOG-EVANS Martine, « Les enfants de détenus : "The orphans of justice" », *Lamy Droit Civil*, 2011, NS 87, Supplément « Le statut de l'enfant depuis la Convention internationale relative aux droits de l'enfant », Etude, p. 32-35.

124 Naturellement, les effets diffèrent en fonction de l'âge de l'enfant, *Idem.*

sujet sont peu nombreuses[125]. Le droit pénal et le droit civil sont incessamment considérés comme deux disciplines distinctes, cette séparation ayant pour effet d'envisager d'une part l'intérêt de l'enfant, et d'autre part l'intérêt de la société[126]. Or, il semblerait pertinent de comprendre que ces deux notions sont liées, afin de développer les travaux concernant les enfants de détenus et, de ce fait, lutter contre la déviance et la délinquance naissante au sein de ces individus négligés.

L'une des recherches les plus connues relatives au devenir des enfants de détenus, l'étude de Cambridge, met en exergue, entre autres, les corrélations existantes à propos de la délinquance parentale et juvénile[127]. Il demeure regrettable qu'aucune étude n'examine de manière distincte la corrélation entre emprisonnement parental et problème de comportement selon que le parent incarcérée est la mère ou le père[128]. Avoir un parent en prison aurait des effets sur le comportement antisocial de son ou ses enfant(s) : les enfants de détenus auraient trois fois plus de risques que les autres de développer un comportement non-conforme aux règles de la société, et ainsi faire preuve de violence et de délinquance. Effectivement, nous pouvons comparer les personnes de 18 ans n'ayant pas subi de séparation parentale et les enfants séparés de leur parent (par le fait de l'incarcération de celui-ci) entre la naissance et l'âge de 10 ans. Ils seraient respectivement 17,1 % contre 71,4 % à

125 MURRAY Joseph et FARRINGTON David P., « Les effets sur l'enfant de l'incarcération parentale », *AJ pén.*, 2011, n°9, p. 398.

126 HERZOG-EVANS Martine, « Les enfants de détenus : "The orphans of justice" », *Lamy Droit Civil*, 2011, NS 87, Supplément « Le statut de l'enfant depuis la Convention internationale relative aux droits de l'enfant », Etude, p. 32-35 .

127 Statistiques suivantes tirées de l'article de MURRAY Joseph et FARRINGTON David P., « Les effets sur l'enfant de l'incarcération parentale », *AJ pén.*, 2011, n°9, p. 398.

128 *Idem.*

démontrer une personnalité antisociale. De la même manière, 18 % déclarent à leurs 18 ans être violents, contre 42,9 %. En ce qui concerne la délinquance à 32 ans, 18,7 % avouent enfreindre la loi, contre 52,4 %. De plus, l'étude laisse supposer un lien entre l'emprisonnement parental et la consommation de drogues, tandis que la corrélation avec la consommation d'alcool n'a pas été clairement établie. A 32 ans, seulement 19,7 % pour 47,6 % se drogueraient. Pour finir, le manque d'implication à l'école et à la recherche d'un travail seraient fondamentalement associés à l'incarcération parentale, 21,1 % étant en échec scolaire à 14 ans et 19,8 % sans emploi à 18 ans, contre respectivement 68,4 % et 76,2 %. La santé mentale de l'enfant, quant à elle, pourrait probablement être reliée à la situation de son parent absent puisque le risque de développer des pathologies est augmenté de plus du double.

De par le délaissement des enfants de détenus, la société contribue à « générer de la délinquance dans la génération suivante »[129], et participe à l'élaboration de la douleur ressentie par ceux-ci. Néanmoins, ces effets demeurent de manière générale provisoires et semblent différer d'un enfant à l'autre.

Section 2. Un traumatisme psychologique relatif et subjectif

Les statistiques et conclusions évoquées ultérieurement sont à manier avec précaution, la causalité directe avec l'incarcération de la mère n'étant pas toujours assurée ; de nombreux facteurs rentrant en compte dans le rapport de cause à effet[130] (paragraphe 1). Bien que le sort réservé aux

---

129 MURRAY Joseph et FARRINGTON David P., « Les effets sur l'enfant de l'incarcération parentale », *AJ pén.*, 2011, n°9, p. 398.

130 *Idem.*

enfants de condamnées soit insatisfaisant, il est nécessaire de relativiser et de considérer les aides proposées durant la période d'incarcération jusqu'à la libération de la mère détenue (paragraphe 2).

§ 1. Un potentiel rapport de cause à effet quant au devenir des enfants

« L'emprisonnement est susceptible de causer un dommage à l'enfant »[131]. Il serait dès lors opportun d'exposer les théories expliquant les mécanismes par lesquels les enfants se trouvent défavorisés (A), puis d'analyser les variables qui influeraient les différentes manières dont l'enfant peut réagir suite à l'enfermement de la figure maternelle (B).

A. Les facteurs dits médiateurs

Les facteurs médiateurs peuvent être définis comme les processus engendrant des complications quant à l'évolution d'enfants dont la mère est en prison. Plusieurs théories peuvent être avancées, toutes tentant de justifier le comportement des enfants de détenues[132].

La première est la « théorie du traumatisme » : la séparation mère-enfant causerait un traumatisme chez ce dernier compte tenu de son imprévisibilité, de sa violence (lors de l'arrestation), souvent de sa non-explication et de la limitation des contacts avec la mère prévenue ; allégations confirmées par la « théorie de l'attachement » de Bowlby[133] et celle de « l'attachement social » d'Hirshi[134]. Il en découle que

---

131 *Ibid.*

132 MURRAY Joseph et FARRINGTON David P., « Les effets sur l'enfant de l'incarcération parentale », *AJ pén.*, 2011, n°9, p. 398.

133 Théorie développée en 1969, 1973 et 1980, *Idem.*

134 Théorie développée en 1969, *Ibid.*

le risque pour les enfants de devenir délinquant dépend sensiblement du nombre de condamnations prononcées à l'encontre de la mère et de leurs durées[135].

Une seconde série de théories s'efforce de donner des explications à la délinquance des enfants de détenues. Il s'agit des « théories du modelage et de l'apprentissage social[136] », par lesquelles un enfant se construirait en imitant le comportement de son entourage, en l'occurrence de son parent antisocial et développerait à son tour un comportement délictueux. Cependant, aucune relation de cause à effet n'a été formellement posée, l'enfant n'ayant pas forcément conscience du comportement de sa mère.

Les « théories du stress »[137] sont ici au nombre de deux. Tout d'abord, la théorie du stress économique évoque plusieurs raisons pour lesquelles un enfant serait plus enclin à devenir délinquant. Parmi elles, nous pouvons nous concentrer sur la baisse des revenus familiaux due à l'incarcération maternelle, ou encore la classe sociale inférieure : la pauvreté familiale serait un des facteurs les plus importants quant au devenir antisocial des enfants[138]. Par ailleurs, il existe aussi une théorie du stress concernant les soins et l'éducation des enfants. En effet, comme nous l'avons déjà évoqué, les enfants subissent des modes de garde instables et les personnes qui les ont en charge rencontrent fréquemment des difficultés de tout ordre ; des troubles du comportement risquent alors d'apparaître chez les enfants. Pour finir, les « théories de la stigmatisation et de la labellisation » citent le harcèlement, les moqueries, la stigmatisation et la labellisation dont

135 *Op.Cit.*

136 Théories développées par Matsueda,1988, *Op. Cit.*

137 Théorie développée par Hagan et Dinovitzer, 1999, MURRAY Joseph et FARRINGTON David P., « Les effets sur l'enfant de l'incarcération parentale », *AJ pén.*, 2011, n°9, p. 398 .

138 Etude de Cambridge, 2003, *Idem.*

les enfants peuvent être victimes comme augmentant sérieusement leurs problèmes antisociaux et mentaux. Les enfants risquent également d'être victimes de « préjugés officiels »[139], par lesquels ils seraient davantage poursuivis par les autorités judiciaires.

Pour autant, ces théories ne s'adressent pas à tous les enfants, d'autres facteurs devant encore être exploités.

B. Les facteurs dits modérateurs

Les facteurs modérateurs renvoient aux « facteurs qui influent sur la manière dont l'enfant réagit à l'incarcération parentale »[140]. Il serait légitime de penser, dès lors, que les enfants ressentent cette situation de manière différente en fonction de leurs caractéristiques personnelles et individuelles ; mais aussi en fonction du parent qui est incarcéré[141]. L'incarcération de la mère de famille causerait plus de troubles à l'enfant que l'incarcération de son père. Les raisons qui tiennent à ce constat ont été suggérées antérieurement mais il semble pertinent de les rappeler : la plupart des enfants dont la mère est condamnée vivaient avec elle et celle-ci assumait pleinement l'éducation des enfants ; ils ont alors un attachement plus fort et plus profond pour la mère, ce qui rend la séparation plus délicate que dans le cas où le père serait incarcéré. Ensuite, les enfants vivant avec leur mère avant l'incarcération ont ainsi plus de risques d'être placés, le père ne prenant habituellement pas la peine de prendre en charge ses enfants (contrairement à la mère lorsque le père est mis sous écrous). Finalement, le nombre de places pouvant accueillir les femmes dans les établisse-

139 *Ibid.*

140 *Op.Cit.*

141 Théories suivantes tirées de l'article de MURRAY Joseph et FARRINGTON David P., « Les effets sur l'enfant de l'incarcération parentale », *AJ pén.*, 2011, n°9, p. 398.

ments pénitentiaires français étant limité, elles sont affectées dans une prison sans qu'il soit réellement tenu compte du lieu de résidence familiale et se trouvent alors loin de leurs enfants, pour qui les rencontres avec la mère seront difficiles.

Par ailleurs, il est supposé que l'âge de l'enfant, son sexe, sa classe sociale et sa prétendue race aurait une influence sur sa réaction à l'incarcération maternelle. Premièrement, l'enfant expérimenterait différemment la séparation d'avec sa mère en fonction des phases de développement psychologique qu'il traverse. Au niveau des troubles, les garçons sont plus disposés que les filles aux comportements antisociaux, alors que celles-ci tendant plutôt à l'anxiété et à la dépression. De plus, les études mettent en évidence que les enfants de classes sociales inférieures auraient plus de risques de déviance, laissant entendre que les enfants d'autres classes seraient plus protégés ; toutefois, ceux-ci seraient plus exposés à la stigmatisation puisque la délinquance semblerait peu courante au sein de ces classes sociales. Enfin, les personnes de couleur noire seraient victimes de racisme[142] (tant de la part des autorités que de la population en général). Quand bien même tous ces paramètres démontrent les différences de réponses possibles, aucune étude ne corrèle de manière absolue les caractéristiques individuelles de l'enfant avec sa réaction à l'incarcération maternelle. En tout état de cause, les politiques françaises s'efforcent d'amoindrir les conséquences de ce bouleversement de la vie de l'enfant.

---

142 Light, 1994 ; Amira, 1992, *MURRAY Joseph et FARRINGTON David P., « Les effets sur l'enfant de l'incarcération parentale », AJ pén., 2011, n°9, p. 398.*

§ 2. Les limites aux effets pathogènes de l'incarcération maternelle

De nombreuses aides tentent de protéger les enfants et de les prendre en charge jusqu'à ce que la condamnée ait effectué toute sa peine (A). Nonobstant le soulagement que peut procurer la libération de la mère incarcérée et l'espoir d'une nouvelle vie de famille, la concrétisation de ce souhait parait complexe eu égard aux nouvelles difficultés qui pourront être rencontrées (B).

A. Instauration d'aides soutenant les familles de détenues

Il est indéniable que les détenues souffrent d'isolement, en raison de leur éloignement familial et de la difficulté de maintenir les liens avec leur entourage. Quant aux enfants de condamnées, ils subissent eux aussi les répercussions de l'enfermement de leur figure maternelle. Cependant, tous deux peuvent, de chaque côté des barreaux, se reposer sur plusieurs institutions et services mis en œuvre de façon à rendre l'incarcération de la mère de famille moins dure qu'elle ne l'est réellement.

En premier lieu, les mères incarcérées peuvent continuer de bénéficier des prestations familiales et aides financières auxquelles elles auraient été éligibles à l'extérieur[143] : les allocations familiales, prestations d'accueil du jeune enfant, allocations parent, allocations de soutien familial, ainsi que les prestations spécifiques versées par le service départemental d'aide sociale sont alors perçues par la personne détenue ou sa famille et contribuent à lutter contre la pauvreté infantile. Au niveau juridique, le juge aux affaires familiales et le

---

143 MENABE Catherine, *Réflexions critiques sur la criminalité féminine*, Thèse pour le Doctorat en Droit, Université de Lorraine, Nancy, 2013, §378, p. 398.

service pénitentiaire d'insertion et de probation veillent au bien-être des enfants ; le juge aux affaires familiales pouvant être saisi et se prononçant conformément à l'intérêt supérieur de l'enfant, et le SPIP ayant, entre autres, comme mission d'envisager avec la mère de famille les possibilités de placement des enfants[144]. La Protection Maternelle et Infantile (PMI), institution de protection de la mère et de l'enfant, peut également intervenir dans le but de supporter les détenues et leurs enfants[145]. De surcroît, l'article L. 221-1 du code de l'Action Sociale et des Familles définit les missions de l'ASE – l'aide sociale à l'enfance –: protection (accueil provisoire d'urgence si nécessaire, par exemple) et soutien (matériel, éducatif et psychologique) des mineurs en danger. L'administration pénitentiaire est, de plus, partenaire de nombreuses « associations nationales d'aide aux personnes détenues et sortant de prison ». Peuvent être citées parmi elles l'ARAPEJ, UFRAMA, la FREP, le Secours Catholique et la Croix Rouge Française, toutes œuvrant au maintien des liens familiaux et préparant le retour à la vie libre[146].

B. La libération de la mère écrouée

Malgré les croyances et mythes de la réunification familiale lors de la libération de la détenue, nombre sont les perturbations affectant le devenir de ces familles[147]. Les détenues désormais libres se trouvent confrontées à deux situations possibles : certaines ont la chance de retrouver

144 *Idem.*, §373, p. 394.

145 *Ibid.*, p. 395.

146 Réseau partenarial de l'AP, Associations nationales d'aide aux personnes détenues et sortants de prison, http://www.justice.gouv.fr/prison-et-reinsertion-10036/ladministration-penitentiaire-10037/reseau-partenarial-de-lap-12014.html

147 Bureau Quaker auprès des Nations Unies, « Parents en prison : les effets sur leurs enfants », par Olivier ROBERTSON, avril 2007, p. 43-49.

leurs enfants quand d'autres, au contraire, rencontreront des obstacles à les réunir.

Dans le premier cas, chacun des membres devra réapprendre à vivre en famille. Les enfants, qui ont changé, grandi, atteint des étapes de développement supérieures n'ont ainsi plus les mêmes besoins et attentes que lorsque la mère est entré en prison. Ces évolutions peuvent être péniblement perçues par celle-ci et particulièrement difficiles à vivre. De plus, les enfants se sont habitués à vivre autour de l'absence de la mère incarcérée et il est alors possible qu'ils aient de nouveaux rôles dans la famille, ayant probablement pris en charge l'accomplissement des tâches quotidiennes. Les sentiments à l'égard de la mère condamnée peuvent aussi avoir subi des modifications ; les enfants ont pu se rapprocher de la personne qui a pris soin d'eux durant l'incarcération, peuvent aussi ressentir des sentiments d'insécurité, de peur de l'abandon, de colère, de manque de confiance ou de respect pour la mère libérée. D'importants problèmes d'adaptation de la part de la mère peuvent également être supposés. Elle dérangerait l'équilibre qui s'était créé en son absence, aurait des réactions inappropriées et des tensions apparaitraient alors. En outre, la perte de proximité due à la limitation des contacts en milieu carcéral donnerait lieu à des relations mère-enfant « médiocres »[148]. La réintégration familiale sera en conséquence laborieuse, sans être irréalisable.

Les mères libérées de prison dont les enfants ont été placés, ou qui ont perdu la garde de ceux-ci, ou encore qui se sont vus retirer leur autorité parentale, quant à elles, endureront des soucis supplémentaires voire insurmontables pour réunir leur famille. Les détenues étrangères ne bénéficient pas d'une situation plus facile : lorsqu'elles sont majeures,

---

148 Bureau Quaker auprès des Nations Unies, « Parents en prison : les effets sur leurs enfants », par Olivier ROBERTSON, avril 2007, p. 44.

elles encourent le risque d'être expulsées à la fin de leur peine[149]. Dans ce cas, les enfants n'ont d'autre choix que de suivre cette mère qu'ils ne connaissent plus dans un pays qu'ils ne reconnaissent nullement, sinon de rester en France et de voir la séparation se prolonger sans doute éternellement. Néanmoins, la mère étrangère peut éventuellement et selon sa situation se voir protégée contre l'expulsion et dès lors éviter la séparation mère-enfant en raison, entre autres, de ses liens familiaux : c'est ainsi que le droit de l'Union consacre le droit de séjour du parent étranger d'un enfant citoyen de l'Union européenne[150].

La famille étant une composante fondamentale de la réinsertion sociale des condamnés et de la lutte contre la récidive, il est d'une importance considérable que la sortie de prison soit préparée de manière efficace, tant dans l'intérêt des détenues que dans celui de leur famille, mais aussi dans l'intérêt général de la société.

149 En principe, un étranger mineur ne peut pas faire l'objet d'une mesure d'expulsion du territoire français.

150 CJUE, 8 mars 2011, Ruiz Zambrano c. Office national de l'emploi.

Conclusion de la partie 1

Les spécificités de l'univers carcéral et l'enfermement de la mère de famille constituent bel et bien un frein au lien mère-enfant. Bien que le droit au respect de la vie privée et familiale soit consacré dans l'article 8 de la convention européenne des droits de l'Homme, la France peine encore à assurer aux femmes détenues des conditions de maintien des liens familiaux acceptables. La femme mère et détenue se trouve dès lors doublement isolée compte tenu du principe de non-mixité carcérale[151] et de l'oubli des particularités attachées à son sexe. De plus, la condamnée subit une perte de crédibilité de son autorité parentale, ce qui se ressent largement à sa libération, lorsque celle-ci tente de réintégrer sa famille et retrouver ses enfants. Ceux-ci endurent de la même manière des difficultés à maintenir leurs liens familiaux, causant des complications quant à leur devenir, bien que l'intérêt supérieur de l'enfant doive être une « considération primordiale »[152].

Il est souhaitable qu'une politique de genre quant à l'exécution des sentences[153] s'instaure en France et que le système judiciaire recoure le plus possible aux peines alternatives. Par exemple, il serait envisageable pour les femmes

---

151 MENABE Catherine, *Réflexions critiques sur la criminalité féminine*, Thèse pour le Doctorat en Droit, Université de Lorraine, Nancy, 2013, p. 323 et s.

152 1° de l'art. 3 de la Convention internationale des droits de l'enfant « Dans toutes les décisions qui concernent les enfants, qu'elles soient le fait des institutions publiques ou privées de protection sociale, des tribunaux, des autorités administratives ou des organes législatifs, l'intérêt supérieur de l'enfant doit être une considération primordiale. ».

153 HERZOG-EVANS Martine, « Les enfants de détenus : "The orphans of justice" », *Lamy Droit Civil*, 2011, NS 87, Supplément « Le statut de l'enfant depuis la Convention internationale relative aux droits de l'enfant », Etude, p. 32-35.

enceintes et pour les mères d'enfants de moins de 18 ans, qui en ont la garde exclusive, et dont l'entourage n'est pas apte à prendre en charge ces derniers, qu'elles bénéficient obligatoirement d'un aménagement de peine *ab initio*, lorsqu'elles sont condamnées à moins de 5 ans d'emprisonnement pour des crimes ou délits non violents. C'est alors que des règles dérogatoires pourraient être ajoutées à l'article 723-15 du code de procédure pénale au profit des mères de familles ou mères en devenir, afin que celles-ci n'exécutent pas leur peine en milieu fermé mais plutôt en milieu ouvert ou semi-ouvert. Sans oublier que l'un des buts premiers de la peine est la prévention de la récidive et la préparation de l'insertion ou de la réinsertion des condamnés, un accompagnement significatif de la détenue et de ses enfants serait alors nécessaire le temps de l'exécution de la peine, qui idéalement perdurerait aussi longtemps que la mère estimerait en avoir besoin[154].

Dans le cas où les condamnées seraient dans l'obligation d'intégrer le milieu pénitentiaire, uniquement si la gravité du délit ou du crime le justifie, les diverses aides mises en place se doivent d'être développées. En effet, le temps de visite des enfants et la durée des appels téléphoniques pour les mères devraient être rallongés[155], la fréquence des UVF, ou des permissions de sortir se doit d'être augmentée[156]. Il serait imaginable que les articles D.143 et suivants du code de procédure pénale soient modifiés et que les détenues puissent se

---

154 Cette proposition suppose une multiplication des agents formés au suivi des détenus sur le long terme, ainsi qu'une hausse du budget qui leur est attribué.

155 Même si en principe illimités, Parlement Européen, avis de la Commission des droits de la femme et de l'égalité des genres, point numéro 5, 2017.

156 MENABE Catherine, *Réflexions critiques sur la criminalité féminine*, Thèse pour le Doctorat en Droit, Université de Lorraine, Nancy, 2013, §354, p. 382.

retrouver avec leurs enfants mineurs à l'extérieur, à l'occasion des anniversaires ou grandes fêtes religieuses (Noël, Pâques, l'Aïd, la fête juive de Yom Kippour,…)[157]. Ces rencontres pourraient permettre aux femmes d'être présentes lors des évènements marquants de la vie de l'enfant et ainsi, mieux préparer leur retour à la vie libre. Concernant les visites des enfants, il pourrait être concevable que celles-ci soient rythmées par les jours d'école. La mise en place d'un agenda où les détenues pourraient s'inscrire à l'avance pour la journée entière (le mercredi, samedi ou dimanche, ou encore lors des vacances scolaires) ou pour les plages horaires de fin d'après-midi ne semble pas être une mauvaise idée, en supposant également des lieux de rencontre plus vastes et mieux équipés au sein de l'établissement pénitentiaire, qui pourraient permettre aux détenues et à leurs enfants de profiter d'une cour extérieure, ou d'infrastructures intérieures, dans le but d'essayer de reproduire au mieux les conditions de rencontre en dehors de l'univers carcéral. De plus, il serait opportun que les prisons soient équipées d'aires de jeux surveillées pour les enfants[158] afin que les détenues puissent s'entretenir avec les autres visiteurs, et le personnel de l'administration pénitentiaire devrait suivre des sessions de formation à propos de l'accueil des enfants[159]. Ce régime de visites suppose de surcroît que l'accès au centre pénitentiaire soit plus facile et moins long, et que les mères détenues le soient dans des établissements à une distance raisonnable de leur domicile. Une limite d'une cinquantaine de kilomètres pourrait être imposée quant au choix du lieu d'incarcération de la mère, ce qui suppose encore des places suffisantes, notamment dans les établissements pénitentiaires du sud de

157 Résolution 1663 de l'assemblée parlementaire du Conseil de l'Europe, 2009.

158 Résolution 1663 de l'assemblée parlementaire du Conseil de l'Europe, 2009.

159 *Idem.*

la France et par conséquent la nécessité de recourir aux peines alternatives de manière systématiques pour certaines femmes. S'agissant des enfants, il serait intéressant que les services sociaux ou encore des associations tiennent un registre détaillé des enfants dont les mères sont incarcérées dans la région et qu'ils puissent organiser des ramassages afin de les accompagner dans le cadre des visites, mais aussi qu'ils puissent informer la détenue du lieu de prise en charge de ceux-ci[160]. Un meilleur aménagement de l'espace public est en outre souhaitable, notamment dans le but de développer les réseaux de transports en commun autour des établissements pénitentiaires, avec des horaires qui pourraient globalement correspondre aux horaires des visites.

Par ailleurs, les détenues étrangères devraient pouvoir bénéficier de communications dans leur langue maternelle, tant au téléphone que pendant les visites, et d'une baisse des frais téléphoniques et postaux[161]. Il est souhaitable que des règles dérogatoires à l'obtention des permis de visite soient ajoutées pour les enfants de détenues étrangères, ainsi que la possibilité d'effectuer leur peine dans leur pays d'origine si leur famille s'y trouve. N'étant possible que s'il existe des accords bilatéraux, la France devrait œuvrer à l'élaboration par les Nations Unies d'une convention internationale en la matière[162].

En outre, l'offre de formation et d'éducation proposée par l'administration pénitentiaire (et non par les associations qui, on le comprend, sont déjà bien débordées) à l'égard des

---

160 Résolution 1663 de l'assemblée parlementaire du Conseil de l'Europe, 2009.

161 On peut espérer que leur situation s'améliore avec l'installation de téléphones fixes dans les cellules, projet visé par le Ministère de la Justice.

162 Avis du CGLPL du 9 mai 2014 relatif à la situation des personnes étrangères détenues, NOR : CPLX1411703V.

détenues se doit d'être accrue pour préparer au mieux leur sortie et leur retour dans leur famille[163]. A titre d'illustration, il semble pertinent qu'une équipe au sein de chaque prison, composée de professionnels ainsi que d'une assistance sociale[164], soit recrutée afin d'organiser des séminaires ou des conférences sur la relation mère-enfant ; des thérapies peuvent être envisagées ; ainsi que des ateliers les préparant à vivre avec leurs enfants et à se responsabiliser[165] tant dans les tâches quotidiennes qui ont trait aux enfants que dans les tâches plus administratives. Les détenues pourraient aussi organiser des évènements intra-muraux et en être complètement en charge, l'administration pénitentiaire interviendrait qu'en cas de nécessité ou de sollicitation de la part des femmes.

Finalement, il parait indispensable de consolider les mesures à l'égard des enfants, par les associations ou encore par la PMI, afin de leur éviter la souffrance de l'abandon et de les aider à surmonter cette épreuve[166] : premièrement, l'enfant se doit d'être prévenu de ce qui lui arrive, et pourquoi cela lui arrive. Il est nécessaire de lui expliquer la situation et également d'entamer un travail avec la mère incarcérée dans le but qu'elle rassure son enfant et qu'elle lui assure qu'il peut faire confiance aux personnes qui

---

163 Parlement Européen, avis de la Commission des droits de la femme et de l'égalité des genres, point numéro 13, 2017.

164 Comme c'est le cas au Burundi pour les enfants et mères incarcérées depuis 1991, Pascale Boucaud, « Le droit des enfants et les conventions internationales et européennes », *Les liens familiaux à l'épreuve du pénal*, ERES « Hors collection », 2002, p. 25-36.

165 A la prison ouverte de Horserød au Danemark, la responsabilisation des détenus passe par leur implication dans la vie quotidienne de la prison : cuisine, vaisselle, ménage,…

166 Arguments suivants tirés de l'article de Caroline Eliacheff, « L'enfant éloigné de son parent incarcéré », Alain Bouregba, Les liens familiaux à l'épreuve du pénal, *ERES « Hors collection »*, 2002, p. 37-50.

l'entourent. Dans le cas contraire, l'enfant (surtout lorsqu'il est âgé de moins de 3 ans) se retrouvera face à un conflit de loyauté qui pourra avoir de grave conséquences sur son développement[167] puisqu'il sera contraint d'accorder sa confiance à un autre adulte même si sa mère n'y consent pas. Dans un second temps, il est primordial de continuer à parler à l'enfant de sa mère incarcérée. Lors du développement de l'enfant, celui-ci se pense être le centre du monde, et par conséquent se pense responsable et coupable de tout ce qui lui arrive. Il en va alors de son bien-être de savoir si sa mère est toujours vivante, où se trouve-elle, et pourquoi. Les personnes qui le prennent en charge doivent l'aider à se remémorer et à convoquer ses souvenirs. Enfin, le maintien des liens est essentiel et les visites se doivent d'être régulières, véritablement importantes pour son développement. Il serait de plus, pour les plus âgés, intéressant de leur proposer un suivi psychologique accru, leur apprendre à se responsabiliser et les préparer à la sortie de leur mère.

L'impact du monde carcéral sur la mère détenue et son enfant est flagrant et presque irréversible, Martine Schachtel écrit d'ailleurs à propos des femmes : « elles se considèrent souvent comme victimes d'un système qui les infantilise, les humilie et les déshumanise. Comment réconcilier avec leur rôle de mères des femmes qui ont des enfants et à qui on enlève toute possibilité d'initiative à travers le régime de la détention ? »[168]. Des améliorations sont alors attendues envers les femmes détenues sans leurs enfants.

Toutefois, le vide affectif de ces enfants est immense, et il parait difficile de le compenser avec des aides matérielles ou avec la multiplication des acteurs sociaux. La législation

---

167 Il s'autorisera à grandir et à vivre s'il a l'accord de sa mère.

168 SCHACHTEL Martine, Femmes en prison : dans les coulisses de Fleury-Merogis, Albin Michel, 2000, p. 175.

française reconnaît ainsi la possibilité pour la mère d'être incarcérée avec son enfant né ou à naître.

2ème PARTIE

LA FEMME DÉTENUE AVEC SON ENFANT NÉ OU À NAITRE

« *There is no such thing as a baby* »[169]. Donald Woods Winnicott, célèbre pédiatre et psychanalyste britannique, a longuement étudié les relations entre la mère et le nouveau-né, mettant en exergue qu'« un bébé seul, ça n'existe pas »[170]. En effet, l'enfant, dans les premiers mois de sa vie, n'existe qu'à travers sa mère alors essentielle à son développement.

L'intérêt supérieur de l'enfant commande donc de ne pas le séparer de sa figure maternelle d'attachement, d'autant plus que des liens se créent lors de la grossesse entre le bébé et sa mère : des molécules d'émotions franchissent le filtre placentaire et se transmettent au nourrisson[171]. La possibilité pour la détenue femme et mère de garder son enfant auprès d'elle a été admise dans un premier temps à une époque où l'allaitement était essentiel[172]. Ce n'est qu'en 1923 qu'un décret a consacré les pratiques pénitentiaires antérieures, disposant que les enfants pouvaient rester avec leur mère en détention jusqu'à l'âge de 4 ans[173]. La circulaire du 24 avril 1946 a abaissé ce seuil à 18 mois, pouvant correspondre à la fin de l'allaitement du bébé[174] ou à l'âge de développement de la motricité moyenne[175]. Alors que le lien mère-enfant se voit affaibli et détérioré lorsque la condam-

---

169, WINNICOTT Donald Woods, *L'enfant et le monde extérieur, le développement des relations*, Payot, 2001, p. 107.

170 *There is no such thing as a baby*, *Idem.*

171 GROS COLAS Valentine, *Les bébés taulards*, Mémoire de DUT, IUT Paris Descartes, 2012, p. 16.

172 MENABE Catherine, *Réflexions critiques sur la criminalité féminine*, Thèse pour le Doctorat en Droit, Université de Lorraine, Nancy, 2013, §358, p. 386.

173 *Idem.*

174 GROS COLAS Valentine, *Les bébés taulards*, Mémoire de DUT, IUT Paris Descartes, 2012, p. 7.

175 M. Martinelle et C. Ménabé (dir.), L'enfant en prison, L'Harmattan, 2017.

née est incarcérée seule, ce droit pour la détenue de résider auprès de son bébé et de jouer son rôle de mère essentiel à la construction de sa structure psycho-affective apparaît ainsi comme un moyen de maintenir ce lien. Dans quelles mesures le milieu carcéral permet-il de préserver ce lien si nécessaire tant pour la mère que pour l'enfant en développement ?

Il parait judicieux d'envisager dans un premier temps l'opportunité offerte à la mère de famille de garder son enfant en prison avec elle durant 18 mois (Chapitre 1), cette possibilité méritant amplement discussion puisque l'incarcération d'un innocent heurte de façon considérable ses droits de citoyen et sa liberté d'aller et venir.

Il sera également opportun d'apprécier la pertinence de l'incarcération d'un enfant au regard de son développement psychologique, moteur et affectif (Chapitre 2), le nourrisson étant privé de liberté mais pouvant parallèlement bénéficier de soins maternels indispensables.

Chapitre 1. « La maternité incarcérée » : une pertinence discutée

« Prison et enfant ne sont pas des mots antagonistes, ils coexistent avec pour lien la mère détenue »[176]. En France, les femmes enceintes ou mères incarcérées connaissent l'opportunité de garder leur enfant avec elles en détention jusqu'aux 18 mois de celui-ci. Elles bénéficient dès lors d'une incarcération particulière puisque leurs besoins propres et ceux de leur nourrisson sont à prendre en compte : en février 2016, 30 établissements pénitentiaires français disposaient d'un quartier « nurserie »[177] afin d'accueillir les femmes enceintes et les femmes accompagnées d'enfants dans des locaux aménagés. Effectivement, l'accueil de ces détenues en milieu carcéral est encadré et doit répondre à des conditions juridiques et matérielles (section 1). Toutefois, même si la présence d'enfants en détention semble être favorable au maintien du lien mère-enfant et est réglementée de manière rigoureuse, les problématiques tenant à l'incarcération d'un nouveau-né se trouvent largement discutées par la doctrine (section 2).

Section 1. Un cadre juridique fragile

La présence du nourrisson au sein de l'univers carcéral ainsi que l'accueil des détenues enceintes sont régis par le

---

176 MENABE Catherine, *Réflexions critiques sur la criminalité féminine*, Thèse pour le Doctorat en Droit, Université de Lorraine, Nancy, 2013, §382, p. 399.

177 PDF, « Établissements pénitentiaires disposant de quartiers femmes », www.justice.gouv.fr/art_pix/Carte_EP_QF_oct2012_opt.pdf.

droit interne. Celui-ci offre un cadre légal grâce auquel les droits fondamentaux se voient protégés des éventuelles atteintes qui pourraient survenir dans la pratique (paragraphe 1) ; pour autant, cette législation reste grièvement insuffisante et fait preuve d'une remarquable négligence (paragraphe 2).

§ 1. Encadrement de la présence de l'enfant en détention

Le principe des « obligations positives des Etats » exige de ceux-ci de mettre concrètement en œuvre tous les moyens possibles afin de respecter les droits fondamentaux, et non pas uniquement de s'abstenir de les violer. Conformément à ce principe, le droit positif codifie le régime applicable aux enfants incarcérés avec leur mère (A), mis en place dans la pratique par des quartiers « mères-enfants » (B).

A. Les moyens juridiques de respect des droits fondamentaux

Tandis que le « paradoxe de l'enfant enfermé du fait d'autrui »[178] est sujet à de nombreuses discussions doctrinales, le droit interne s'en tient à organiser l'accueil de ceux-ci dans l'environnement inhospitalier qu'est le milieu pénitentiaire.

Deux principes, consacrés dans des textes à valeur supranationale[179] ayant acquis force obligatoire dès lors que la France les a ratifiés[180], peuvent être associés à l'incarcération

---

178 Colloque « L'enfant en prison », par l'Institut François Gény, 6 octobre 2016, Université de Lorraine, Faculté de Droit de Nancy.

179 Respectivement la convention internationale des droits de l'enfant et la convention européenne des droits de l'Homme.

180 « Principe de la hiérarchie des normes », Hans KELSEN ; « principe des obligations positives des Etats ».

d'un enfant auprès de sa mère. D'une part, la primauté de l'intérêt supérieur de l'enfant commande de lui offrir la possibilité d'être incarcéré avec sa mère en détention, ayant besoin de celle-ci pour la construction de son identité. D'autre part, le droit au respect de la vie privée et familiale s'applique à la mère détenue comme à son enfant et par conséquent, la maternité carcérale semble être le moyen le plus favorable de maintenir leurs liens et de respecter leurs droits. La Cour européenne des droits de l'homme, en tant que garante de ces libertés et droits fondamentaux, veille au respect de ceux-ci et punit les pratiques y portant atteinte, condamnant ainsi la France le 19 janvier 2012 dans un arrêt « Popov contre France » pour traitements inhumains et dégradants, et violation du droit au respect de la vie familiale concernant sa politique de rétention administrative des mineurs étrangers. Elle l'a de la même façon condamnée à nouveau le 12 juillet 2016 dans 5 arrêts consécutifs[181].

Par ailleurs, outre la législation internationale et européenne, l'article 38 de la loi pénitentiaire évoque le cas de l'enfant incarcéré auprès de sa mère, et l'article D.401 du code de procédure pénale dispose que « les enfants peuvent être laissés auprès de leur mère en détention jusqu'à l'âge de dix-huit mois ». Les dispositions suivantes se bornent à affirmer la nécessité de locaux spécifiques, ainsi que de déléguer au SPIP l'organisation « du séjour de l'enfant auprès de sa mère détenue ». La circulaire du 18 août 1999 (relative aux conditions d'accueil des enfants laissés auprès de leur mère incarcérée), quant à elle, aménage les conditions de mise en œuvre de cette possibilité : formalités d'entrée en milieu carcéral – une fiche d'identification et un extrait de

---

181 CEDH, 12 juillet 2016, A.B. et autres c. France, n°11593/12 ; CEDH, 12 juillet 2016, R.K. et autres c. France, n°68264/14 ; CEDH, 12 juillet 2016, A.M. et autres c. France, n°24587/12 ; CEDH, 12 juillet 2016, R.C. et V.C. c. France, n°76491/14 ; CEDH, 12 juillet 2016, R.M. et autres c. France, n°33201/11.

naissance sont requis –, visites de l'enfant, sorties occasionnelles de celui-ci, prise en charge financière, sanitaire et sociale sont autant de sujets développés. L'accent est mis sur la liberté de choix de la mère, celle-ci étant la seule à pouvoir décider, en principe, du devenir de son enfant (incarcération auprès d'elle ou placement en famille, fréquence et destinations des sorties, personnes autorisées à visiter l'enfant, choix du médecin traitant, sortie définitive de l'enfant de détention). Généralement, les autorités peuvent s'opposer aux décisions de la mère concernant son enfant uniquement dans l'éventualité où celui-ci se trouverait en danger. En définitive, un nourrisson incarcéré doit pouvoir évoluer dans des conditions similaires à celles d'un enfant libre ; c'est pourquoi un régime carcéral aménagé est mis en place aussi bien en théorie que dans la pratique.

B. Les moyens matériels et humains : les quartiers « mères-enfants »

Disposant de 70 cellules pour les femmes enceintes et/ou les mères de très jeunes enfants en quartier « nurserie », pour une moyenne de 60 enfants naissant chaque année[182], la répartition géographique relève des disparités : à Fleury-Merogis, 15 détenues et leurs enfants peuvent être accueillis, alors qu'ailleurs les places sont réduites au nombre de 4, voire 2 à certains endroits[183]. Concrètement, il est question tout d'abord de femmes entrant enceintes en prison et qui décideront de garder leur nouveau-né auprès d'elles, mais également de femmes ayant accouché antérieurement à leur incarcération, ou encore de femmes qui tombent enceintes durant l'exécution de leur peine[184]. Au

---

182 Observatoire International des prisons, https://oip.org/infographie/etre-mere-en-prison/.

183 *Idem.*

184 *Ibid.*

sens de l'article D.401 du code de procédure pénale, les femmes doivent être accueillies dans des « locaux spécialement aménagés ». Il en découle[185] que les établissements pénitentiaires habilités à recevoir ces détenues particulières requièrent obligatoirement des conditions d'accueil minimales ; ainsi, toutes les cellules de 15 mètres carrés ouvertes la journée et comportant une séparation entre l'espace de la mère et celui de l'enfant doivent être pourvues d'eau chaude, un matériel de puériculture est fourni aux mères pour leurs enfants, de même qu'une salle d'activités et une cour de promenade de taille conséquente équipent nécessairement les quartiers[186]. En outre, du personnel adéquat et formé doit être mis à la disposition des condamnées.

Toutefois, les conditions matérielles réelles proposées aux mères et à leurs enfants sont souvent autres que celles que l'on exige : la taille des cours de promenade peut s'avérer trop petite (à Toulouse, la cour mesure 24 mètres carrés), la charge de l'enfant engendre pour les femmes un accès réduit aux activités[187], certaines cellules n'ont véritablement pas de séparation mère-enfant et font rarement 15 mètres carré, les surveillances du personnel se montrent trop intrusives dans les choix éducatifs de la mère[188]. Des avis du Contrôleur général des lieux de privation de liberté ont dès lors été rendus, préconisant notamment de supprimer les barreaux aux fenêtres des cellules des quartiers nurseries (la pratique révélant que les femmes tentent ou s'évadent peu) ; la création de

---

185 « 4.1 – Les équipements », circulaire du 18 août 1999 relative aux conditions d'accueil des enfants laissés auprès de leur mère incarcérée, NOR: JUSE9940062C, *BO just.*, n°76, 1er octobre 1999.

186 MENABE Catherine, *Réflexions critiques sur la criminalité féminine*, Thèse pour le Doctorat en Droit, Université de Lorraine, Nancy, 2013, §380, p. 399.

187 Notamment au centre pénitentiaire de Rennes.

188 Colloque « L'enfant en prison », par l'Institut François Gény, 6 octobre 2016, Université de Lorraine, Faculté de Droit de Nancy.

réelles salles d'accueil et d'éveil (au centre pénitentiaire des Baumettes à Marseille, les mères ne disposent pas de cette pièce et sont contraintes de promener leurs enfants dans le couloir) ; la distribution de produits frais à la cantine[189] (destinés aux femmes enceintes et aux nourrissons) ; enfin, l'instauration de « points phone » dans les quartiers nurserie dans le but d'éviter aux femmes l'attente habituelle et quotidienne de l'accès au téléphone[190]. Force est de constater que la législation encadrant la maternité incarcérée est profondément insuffisante.

§ 2. Un cadre légal restant grièvement insuffisant

De nouveau, les femmes détenues se retrouvent lésées et oubliées par le droit, totalement indifférent et insensible à la situation difficilement qualifiable de celles-ci. Le désintérêt du législateur au regard de cette minorité carcérale est frappante, tant à travers la négligence normative (A) qu'à travers le cas de la détenue enceinte (B).

A. Une négligence normative

Là où il incombe habituellement à la loi d'encadrer les régimes de privations de liberté, conformément aux principes cardinaux du droit pénal, elle laisse une source infra-normative, à savoir un règlement et une circulaire, régir l'accueil des enfants en bas âge en détention. Cette négli-

---

189 « C'est la « boutique » de l'établissement pénitentiaire où le détenu peut acheter divers objets ou denrées dans la limite de ses moyens financiers (« part disponible » de son compte nominatif). », www.prison.eu.org.

190 Avis du CGLPL du 8 août 2013 relatif aux jeunes enfants en prison et à leurs mères détenues, NOR : CPLX1322210V.

Adeline Hazan, Colloque « L'enfant en prison », Colloque « L'enfant en prison », par l'Institut François Gény, 6 octobre 2016, Université de Lorraine, Faculté de Droit de Nancy.

gence peut être expliquée par le faible nombre d'enfants en détention ; néanmoins, il est inconcevable que cette situation causant une « zone de non droit »[191] pour l'enfant subsiste.

Au niveau législatif, seuls les articles 38 de la loi pénitentiaire de 2009 et D.401 du code de procédure pénale exposent l'opportunité pour la femme mère et condamnée d'être incarcérée avec son enfant. Une première difficulté apparaît : l'accueil du nouveau-né en milieu pénitentiaire se conclu grâce à des conventions tripartites entre l'établissement d'accueil, le département qui a compétence dans la gestion des mineurs, et les intervenants privés intervenant dans la prise en charge et mise à disposition de matériels pour le nourrisson. Cette pratique a pour effet d'accroître de manière significative le désintérêt normatif. Il est de plus important de citer que l'article D.401-1 prévoit qu'une commission se prononce quant à la prolongation des 18 mois d'incarcération de l'enfant. Or, le code de procédure pénale n'encadre ni la commission ni les critères d'appréciation sur lesquels celle-ci se base pour se prononcer. Enfin, une dernière complication est à noter concernant les fouilles, celles-ci obéissant à des directives définies par une circulaire là où il appartient d'ordinaire à la loi d'intervenir. En conséquence de ces lacunes manifestes, l'enfant se trouve dans une zone dite de « non droit ». Effectivement, aucune loi n'encadre son séjour en détention. Ensuite, n'étant pas détenu, il se trouve hors du système carcéral. Il n'est juridiquement pas placé sous écrou et de ce fait, n'est inscrit sur aucun registre. Finalement, le personnel pénitentiaire ainsi que le service médical de la prison[192] n'ont aucun droit de s'occuper de l'enfant, et seraient les premiers

191 THIERRY Jean Baptiste, Colloque « L'enfant en prison », *Idem.*

192 MENABE Catherine, *Réflexions critiques sur la criminalité féminine*, Thèse pour le Doctorat en Droit, Université de Lorraine, Nancy, 2013, §379, p. 398.

fautifs en cas de problèmes[193]. Définitivement, l'administration pénitentiaire souffre de l'absence de réflexions et de travaux sur le sujet, la prise en charge de l'enfant variant alors considérablement d'un établissement à l'autre : l'empirisme fait loi.

B. Conditions de détention inadaptées : le cas de la détenue enceinte

Etre enceinte au sein de l'univers carcéral est source pour la femme écrouée d'une terrible angoisse parfaitement intelligible et légitime. Par suite, les autorités judiciaires se doivent, au moment du prononcé de la peine, de recourir le plus possible à une peine alternative à la peine privative de liberté ; dans le cas contraire, la condamnée sera alors confrontée à de multiples obstacles qui pourraient l'empêcher de mener à bien sa maternité. La grossesse en milieu carcéral a toutefois été prise en compte par les articles D.400 et D.400-1 du code de procédure pénale[194]. Premièrement, le suivi médical des détenues enceintes est supporté par les hôpitaux publics[195]. Elles bénéficient de rendez-vous mensuels et de trois échographies ; par ailleurs, des cours de préparation à l'accouchement et des conseils pour l'allaitement sont dispensés dans plusieurs centres péniten-

---

193 « En cas de problèmes médicaux urgents, l'enfant, n'étant pas considéré comme détenu, ne peut être pris en charge par le service médical. », « - si j'ai un problème avec le gosse, je peux me taper un procès, je n'ai pas le droit d'y toucher, il n'est pas détenu », SCHACHTEL Martine, *Femmes en prison : dans les coulisses de Fleury-Merogis*, Albin Michel, 2000, p.74 et p. 76.

194 MENABE Catherine, *Réflexions critiques sur la criminalité féminine*, Thèse pour le Doctorat en Droit, Université de Lorraine, Nancy, 2013, §361, p.388.

195 Loi n° 94-43 du 18 janvier 1994 relative à la santé publique et à la protection sociale, NOR: SPSX9300136L.

tiaires[196]. De plus, à l'aide d'une prescription médicale, les détenues peuvent demander la mise en place d'un régime alimentaire spécifique (par exemple en prévention de la toxoplasmose, mais aussi supplément de produits laitiers…)[197]. Pour finir, la pratique pénitentiaire s'est également soumise aux spécificités attachées à cette condamnée, lui permettant d'être enfermée avec des codétenues non fumeuses, dans des cellules moins surpeuplées, au rez-de-chaussée ou encore en quartier « nurserie » quand des places se libèrent[198]. Bien que le suivi de grossesse de ces femmes semble être toujours assuré décemment, et de toute évidence d'une manière plus complète qu'il ne l'aurait été à l'extérieur[199], la pratique pénitentiaire n'est pas infaillible et d'abondants efforts sont attendus de la part des autorités carcérales et de la législation : les échographies ne sont communément pas passées aux dates prévues, certains établissements n'ont pas de cellules spéciales, les délais administratifs sont interminablement longs, il est fait atteinte au principe de secret médical, les consultations gynécologiques se tiennent dans des conditions précaires[200]. De surcroît, certains accouchements sont provoqués par l'administration pénitentiaire pour des raisons organisationnelles[201], les détenues se voient également de temps à autre

---

196 MENABE Catherine, *op. cit.*, §364, p.389.

197 *Idem.*

198 MENABE Catherine, *Réflexions critiques sur la criminalité féminine*, Thèse pour le Doctorat en Droit, Université de Lorraine, Nancy, 2013.

199 Ces femmes étant en majorité issues de milieux défavorisés, elles n'ont pas toujours accès aux soins ; *Idem*, §366, p. 390.

200 *Ibid*, §367, p. 391.

201 Colloque « L'enfant en prison », par l'Institut François Gény, 6 octobre 2016, Université de Lorraine, Faculté de Droit de Nancy.

accoucher en cours de transfert à l'hôpital[202]. Il est également arrivé qu'elles mettent leur enfant au monde menottées et entravées, à la vue du personnel les surveillant[203], pratique de nos jours extrêmement rare et contestée par les personnels pénitentiaires. Certaines femmes continuent d'accoucher dans des conditions inhumaines et dégradantes, malgré les textes supranationaux. La femme enceinte et détenue n'est cependant pas la seule à voir ses droits fondamentaux bafoués, l'enfermement d'un enfant dans un lieu de privation de liberté étant lui aussi sujet à de nombreuses critiques.

Section 2. L'incarcération d'un nourrisson, une opportunité critiquable

« Au lieu d'en punir une, on en punit deux, dont un innocent »[204]. La présence d'un enfant derrière les barreaux d'une prison, dans un lieu de privation de liberté, là où tous ses mouvements sont restreints et règlementés par des contraintes sécuritaires, ne va pas sans heurter les principes fondamentaux du droit commun. Deux problématiques peuvent être soulevées ici : d'abord, en envisageant les controverses liées à l'intérêt supérieur de l'enfant (paragraphe 1) ; ensuite, en considérant celles ayant trait à l'âge de ce dernier (paragraphe 2).

---

202 Une nouvelle fois dû à la lenteur des services, SCHACHTEL Martine, *Femmes en prison : dans les coulisses de Fleury-Merogis*, Albin Michel, 2000, p. 75.

203 Malgré une circulaire du 18 novembre 2004 et l'art. 52 de la loi pénitentiaire, MENABE Catherine, *op. cit.*, notes de bas de page, p. 392.

204 SCHACHTEL Martine, Femmes en prison : dans les coulisses de Fleury-Merogis, Albin Michel, 2000, p. 80.

§ 1. Controverses quant à l'intérêt supérieur de l'enfant

Le premier débat concerne la primauté des droits de l'enfant. En effet, le monde carcéral ne semble pas être en adéquation avec le respect du nouveau-né et crée dès lors une opposition entre les valeurs incarnées par l'enfant et la prison (A). En outre, tandis qu'il devrait être une « considération primordiale »[205], ce principe se trouve fréquemment négligé (B).

A. Lieu de privation de liberté et « futur de la nation »[206]

Il est indiscutable que la prison n'est pas un environnement sain pour l'évolution d'un enfant en bas âge ; ainsi, la légitimité de l'accueil d'un enfant en milieu carcéral peut être remise en cause. Bien que la définition de l'intérêt supérieur de l'enfant[207] soit malléable et conséquemment difficilement compréhensible, il en ressort que ce principe tend

---

205 1° de l'art. 3 de la convention internationale des droits de l'enfant « Dans toutes les décisions qui concernent les enfants, qu'elles soient le fait des institutions publiques ou privées de protection sociale, des tribunaux, des autorités administratives ou des organes législatifs, l'intérêt supérieur de l'enfant doit être une considération primordiale. ».

206 Terme utilisé par Madame Lauréline GUILLOT, Directrice des politiques partenariales et des quartiers spécifiques Centre pénitentiaire de Nancy-Maxéville lors du colloque « L'enfant en prison », par l'Institut François Gény, 6 octobre 2016, Université de Lorraine, Faculté de Droit de Nancy.

207 1° de l'art. 3 de la convention internationale des droits de l'enfant « Dans toutes les décisions qui concernent les enfants, qu'elles soient le fait des institutions publiques ou privées de protection sociale, des tribunaux, des autorités administratives ou des organes législatifs, l'intérêt supérieur de l'enfant doit être une considération primordiale. ».

à « favoriser le bien-être et l'effectivité de ses droits »[208]. De ce fait, l'enfant se voit garantir une protection physique et morale ; cette notion permettant alors de faire respecter ses droits. En tant que citoyen, l'enfant acquiert une multitude de droits et de devoirs, parmi lesquels figure sa liberté d'aller et venir. Seulement, l'incarcération d'un nourrisson suppose la restriction de ce droit, ordinairement sanction d'une infraction à la législation : l'enfant se retrouve par conséquent enfermé dans un lieu de privation de liberté alors même qu'il n'a enfreint aucune règle. Sa présence en détention pourrait violer plusieurs normes internationales, comme l'article 2 de la convention internationale des droits de l'enfant disposant que l'Etat est tenu de protéger celui-ci de toute forme de sanction motivée par la situation juridique ou les activités de ses parents ; l'article 37 de ce même texte prévoyant que l'enfermement doit être une mesure de dernier ressort – alors même que l'enfant est enfermé du fait d'autrui, ce principe demeure obligatoirement respecté ; ou encore l'article 14 des règles pénitentiaires européennes recommandant qu'aucune personne ne peut être admise dans un établissement pénitentiaire sans titre de détention valable – un bébé n'ayant pas de titre de détention puisque se trouvant hors du système carcéral. De plus, l'angoisse de la mère, le bruit et manque d'intimité, la stimulation et le terrain d'exploitation restreints, le manque de personnel formé, la pauvreté des jeux proposés, le manque de figure masculine, les sorties rares occasionnant une méconnaissance des arbres, voitures, animaux ou du reste de sa famille, et la nourriture inadaptée peuvent être ajoutées aux raisons qui tiennent à l'aberration de l'incarcération d'un enfant[209]. Par ailleurs, les fouilles pratiquement systématiques (malgré leur

---

208 Colloque « L'enfant en prison », par l'Institut François Gény, 6 octobre 2016, Université de Lorraine, Faculté de Droit de Nancy.

209 Commission européenne des affaires sociales, de la santé et de la famille, « Mères et bébés en prison », 9 juin 2000.

prohibition à l'article 57 de la loi pénitentiaire) font naitre un nouveau traumatisme pour le bébé et ont pu faire l'objet de plusieurs avertissements[210].

En dépit de ces considérables contraintes carcérales, il convient d'éviter la rupture du lien qui unit l'enfant à sa mère : ce lien est nécessaire à son épanouissement personnel et finalement, il sera question de rechercher un équilibre entre les normes de sécurité et l'intérêt de l'enfant. Toutefois, celui-ci connaît de nouveau certaines atteintes.

B. Le principe de l'intérêt supérieur de l'enfant, fréquemment détourné

Nonobstant les fondements en vertu desquels les intérêts de l'enfant doivent primer sur toute autre considération, la pratique laisse paraître diverses défaillances tenant aussi bien à l'instrumentalisation de l'enfant qu'au libre choix de la mère.

Tout d'abord, il est vrai que le prononcé d'une peine alternative à la peine privative de liberté dû à la qualité de mère de la personne condamnée ou l'obtention d'une libération anticipée, comme la libération conditionnelle parentale prévue à l'article 723-3 du code de procédure pénale, par la personne détenue peut être vu comme un privilège[211]. En effet, la mère de famille pourrait contourner les règles de droit au moyen de son enfant : il serait réduit à un simple objet, instrumentalisé par la femme et lui permettant de parvenir à ses fins. Il ne s'agirait alors plus de satisfaire l'intérêt de l'enfant mais l'intérêt de sa propre mère. De plus, le placement en quartier « mère-enfant » semble également perçu

---

210 Avis du 8 août 2013 relatif aux jeunes enfants en prison et à leur mère détenue, NOR : CPLX1322210V.

211 Colloque « L'enfant en prison », par l'Institut François Gény, 6 octobre 2016, Université de Lorraine, Faculté de Droit de Nancy.

comme une source d'avantages, les détenues y étant plus libres et bénéficiant de plus d'attention que celles incarcérées seules[212]. Pour finir, la condamnée enfermée avec son enfant pourrait être capable d'utiliser celui-ci afin d'obtenir un service ou une faveur de la part des autorités carcérales[213], qui pourraient, quant à elles, se servir du nourrisson comme moyen de pression : les écrouées jugées trop dangereuses, souvent arbitrairement, peuvent se voir retirer leur enfant pour une certaine période de temps, évoquant une nécessité pour l'intérêt de l'enfant d'être tenu loin de sa mère au comportement dangereux[214]. De la même manière, il peut être avancé que le libre choix de la mère, imposant *a priori* la prise en compte de l'enfant comme une « considération primordiale », pourrait être justifié par des raisons purement égoïstes : son nouveau-né constituant un palliatif à la solitude, une occupation dans le but de faire passer les mois d'incarcération plus vite, permettant d'avoir davantage d'espoir et une possibilité de socialisation supplémentaire[215].

On ne cesse de prôner l'intérêt supérieur de l'enfant. Pourtant, la convention internationale des droits de l'enfant contraint uniquement les Etats à créer un régime spécifique et à se conformer aux droits de l'enfant, au contraire de

212 MENABE Catherine, *Réflexions critiques sur la criminalité féminine*, Thèse pour le Doctorat en Droit, Université de Lorraine, Nancy, 2013, §385, p. 401 ; Une fois le départ de son enfant effectué, la mère détenue retourne en cellule avec des codétenues, dans un univers de violence, d'agitation, de bruit et de non-respect, CAZES Stéphane, *Ombline*, 12 septembre 2012.

213 *Idem*.

214 *Ibid*.

215 MENABE Catherine, *Réflexions critiques sur la criminalité féminine*, Thèse pour le Doctorat en Droit, Université de Lorraine, Nancy, 2013, §384, p. 401.

l'individu et en l'espèce de sa mère[216]. Il en va tout de même de l'intérêt de l'enfant d'être incarcéré aux côtés de celle-ci, peu importe les raisons de son choix. La limite d'âge de 18 mois, pour sa part, est l'objet d'une seconde polémique.

§ 2. Controverses quant à l'âge de l'enfant

L'âge au-delà duquel un enfant ne peut plus rester avec sa mère en détention suscite d'innombrables discussions. La France se trouve face à une alternative : l'état du droit actuel est-il satisfaisant (A) ou doit-elle prendre exemple sur la législation en vigueur dans d'autres pays (B) ?

A. L'état du droit actuel

Depuis la circulaire du 24 avril 1946, la limite d'âge à laquelle les enfants sont contraints de quitter l'établissement pénitentiaire est de 18 mois ; principe repris actuellement à l'article D.401 du code de procédure pénale[217]. Concrètement, les 18 mois de l'enfant étaient à corréler avec la fin de l'allaitement[218], mais aussi à l'acquisition par le nourrisson d'une certaine motricité[219]. Il désirera dès lors découvrir le monde environnant, supportant de moins en moins la fermeture des cellules contraire à son besoin de liberté et de mouvement[220]. La sortie de l'enfant est donc inévitable afin que celui-ci puisse se développer correctement. Néanmoins,

---

216 Colloque « L'enfant en prison », par l'Institut François Gény, 6 octobre 2016, Université de Lorraine, Faculté de Droit de Nancy.

217 MENABE Catherine, *Op. Cit.*, §372, p. 394.

218 GROS COLAS Valentine, *Les bébés taulards*, Mémoire de DUT, IUT Paris Descartes, 2012, p. 7.

219 Colloque « L'enfant en prison », par l'Institut François Gény, 6 octobre 2016, Université de Lorraine, Faculté de Droit de Nancy.

220 MENABE Catherine, *Réflexions critiques sur la criminalité féminine*, Thèse pour le Doctorat en Droit, Université de Lorraine, Nancy, 2013, §388, p. 403.

cette limite de 18 mois pourra se voir étendue dans le cas où la mère formulera une demande de prolongation de l'accueil du bébé auprès d'elle[221]. Tout d'abord, un dossier devra être constitué, comportant de nombreux avis (Juge de l'application des peines ou juge d'instruction, père de l'enfant, chef d'établissement, service socio-éducatif), renseignements sur les possibilités d'accueil de l'enfant à l'extérieur ainsi que tout autre document utile, et devra être transmis au directeur régional des services pénitentiaires au moins un mois avant la date limite de sortie de l'enfant. Ensuite, une commission consultative appréciera la pertinence de la demande de la mère et rendra un avis, que le directeur régional pourra décider de suivre, autorisant le maintien de l'enfant aux côtés de la détenue pour une période maximale de 6 mois. Dans le cas contraire, il sera exigé que l'enfant quitte le centre de détention. Outre la possibilité d'allonger ce délai de 18 mois, il est d'autre part probable que celui-ci soit écourté, suivant trois hypothèses[222]. En premier lieu, une décision judiciaire peut aller à l'encontre de la volonté de la détenue : le juge aux affaires familiales est saisi par le père de l'enfant et change le lieu de résidence de ce dernier ; en cas de danger pour l'enfant le juge aux affaires familiales peut mettre fin à son enfermement ; enfin, la mère peut faire l'objet d'un retrait ou d'une délégation de l'autorité parentale. Dans un second temps, « la mère peut à tout moment décider de mettre fin au séjour de l'enfant auprès d'elle », ayant l'opportunité de faire adopter le nourrisson, de le placer en famille d'accueil, ou encore de refuser son incarcération avec elle (qu'il soit né avant le prononcé de la peine ou pendant la

---

221 « 2.1.3 – Limite d'âge de l'article D.401 du C. pr. pén. » de la circulaire du 18 août 1999 relative aux conditions d'accueil des enfants laissés auprès de leur mère incarcérée, NOR: JUSE9940062C, *BO just.*, n°76, 1er octobre 1999.

222 « 2.1.4 – Départ del 'enfant en vertu d'une décision judiciaire », *Ibid.*

détention)[223]. Pour finir, lorsque la libération de la mère a lieu avant les 18 mois de l'enfant, celui-ci est dans l'obligation de quitter l'établissement pénitentiaire avec elle[224]. Cependant, tous les pays européens ne sont pas unanimes sur le sujet.

B. Des pratiques différentes selon les pays

Quand certains pays fixent la limite d'âge des enfants incarcérés auprès de leur mère à 12 mois, d'autres l'étendent jusque 4 ans. Alors que l'intérêt supérieur de l'enfant doit être pris en compte comme « considération primordiale » dans toutes les décisions les concernant, il est clairement intelligible que chaque pays détient sa propre interprétation de ce principe. Il en découle des préconisations différentes à l'égard des enfants incarcérés avec leur mère : tout d'abord, certains Etats recommandent une sortie de prison des enfants à l'âge d'un an. En effet, à partir de 14-15 mois, il apparaît que les contraintes du milieu pénitentiaire frustrent l'enfant et perturbent le bon développement de sa structure psycho-affective, ainsi que sa motricité[225]. Dès lors, il semble indispensable que ce dernier soit libéré afin qu'il puisse suivre l'évolution attendue et espérée de tout

223 CAZES Stéphane, *Ombline*, 12 septembre 2012.

224 « 2.1.1 – Libération de la mère » de la circulaire du 18 août 1999 relative aux conditions d'accueil des enfants laissés auprès de leur mère incarcérée, NOR: JUSE9940062C, *BO just.*, n°76, 1er octobre 1999.

225 MENABE Catherine, *Réflexions critiques sur la criminalité féminine*, Thèse pour le Doctorat en Droit, Université de Lorraine, Nancy, 2013, p. 408-409.

enfant vivant libre. La Suède[226], le Danemark, l'Irlande et la Roumanie partagent ce point de vue[227].

Par ailleurs, d'autres pays[228] parmi lesquels l'Allemagne, l'Italie, le Portugal, la Pologne, l'Espagne ou encore la Suisse autorisent les enfants à rester avec leurs mères jusque 3 ans, considérant cet âge comme celui de l'entrée à l'école et de prise d'indépendance par rapport à la mère, la séparation physique se trouve avantagée puisqu'accompagnée d'une séparation psychologique[229]. De plus, cela permettrait à davantage d'enfants d'être libérés en même temps que leur mère et par conséquent de maintenir le lien mère-enfant.

En outre, quelques pays fixent la limite d'âge à deux ans, c'est le cas de la Finlande, de la Grèce et du Luxembourg[230] ; tandis qu'au sein des systèmes carcéraux d'autres pays la limite fluctue entre 9[231] et 24[232] mois. En définitive, c'est aux Pays-Bas et en République Tchèque que l'âge maximal toléré est le plus élevé, étant donné qu'ils permettent aux enfants de demeurer auprès de leur mère jusqu'à l'âge de 4 ans[233]. Compte tenu du faible nombre d'études à ce sujet, il semble impossible d'apprécier la légitimité de la limite d'âge de chaque pays et de souhaiter un changement législatif français. Pour autant, la doctrine psychologique tendrait à opter

226 GROS COLAS Valentine, *Les bébés taulards*, Mémoire de DUT, IUT Paris Descartes, 2012, p. 13.

227 MENABE Catherine, *Réflexions critiques sur la criminalité féminine*, Thèse pour le Doctorat en Droit, Université de Lorraine, Nancy, 2013, annexe 4, p. 431.

228 *Idem.*

229 MENABE Catherine, *op. cit.*, p. 408-409.

230 *Op. cit.*, annexe 4, p. 431.

231 Au Royaume Uni, la limite d'âge est de 9, 10, 18 et 21 mois, *Op. cit.*

232 En Belgique, la limite d'âge varie de 18 à 24 mois, *Op.Cit.*

233 *Op. Cit.*, annexe 4, p. 431.

pour une augmentation du seuil en France, qui passerait de 18 mois à 3 ans[234].

Bien que la présence de l'enfant en détention soit favorable à son intérêt supérieur et permette le maintien des liens familiaux que les détenues peinent tant à mettre en œuvre lorsqu'elles sont incarcérées seules, de vastes difficultés persistent et les conséquences néfastes de l'enfermement d'un enfant se doivent d'être sévèrement limitées. Il convient alors d'étudier la pertinence de la détention d'un enfant au regard de son développement psychique, moteur et affectif.

234 MENABE Catherine, *Réflexions critiques sur la criminalité féminine*, Thèse pour le Doctorat en Droit, Université de Lorraine, Nancy, 2013, p. 408-409.

Chapitre 2. La détention d'un enfant en bas âge : des bénéfices aux préjudices, aspects psychologiques

« On est en prison, ici, pas dans une pouponnière, faudrait pas l'oublier », Martine Schachtel rapporte ainsi dans son ouvrage *Femmes en prison, dans les coulisses de Fleury-Mérogis* (2000) les paroles d'un membre du personnel pénitentiaire à propos de l'exposition des enfants détenus au tabagisme passif. Quand bien même les conditions de vie des enfants enfermés ne sont pas prodigieuses, la maternité carcérale permettrait à la mère d'être « suffisamment bonne »[235], malgré sa détention. Néanmoins, il semble opportun de se demander en quoi le monde carcéral peut être préjudiciable aux nourrissons et jeunes enfants, leur développement psycho-affectif et moteur résultant sensiblement de l'environnement dans lequel ceux-ci grandissent (section 1). L'opportunité de leur présence en milieu pénitentiaire pourrait, de la même façon, être remise en cause par les effets de la séparation forcée entre la mère et son bébé, puisqu'au-delà de 18 mois de vie commune, l'administration carcérale est dans l'obligation de rendre sa liberté au nourrisson (section 2).

Section 1. Les conditions de développement de la personnalité de l'enfant

Innombrables sont les psychologues, psychiatres, ou encore psychanalystes ayant effectué des recherches et publié

---

[235] WINNICOTT Donald Woods, *La mère suffisamment bonne*, Payot, 2006.

des travaux sur le développement de l'enfant. Quel rôle est alors joué par l'environnement si particulier qu'est la détention ? Il est important de s'intéresser en premier lieu à l'évolution de leur structure psycho-affective (paragraphe 1), dans le but de mieux comprendre par la suite les effets de l'incarcération sur celle-ci (paragraphe 2).

§ 1. L'évolution de la structure psycho-affective

Les processus complexes de structuration et de maturation psychique chez l'enfant furent abordés par de nombreux praticiens et compris à l'aide des théories relevant du développement du psychisme infantile (A). John Bowlby, quant à lui, a ultérieurement exposé une théorie fondamentale : la théorie de l'attachement (B).

A. Le développement du psychisme lors des 18 premiers mois

La première des théories méritant d'être évoquée lorsqu'il est question de la psychologie du jeune enfant est la théorie Freudienne distinguant le « ça », « moi », et « surmoi »[236]. D'abord, le « ça » (premier élément à se développer) correspondrait aux pulsions du nouveau-né, à ses besoins. Il est important de noter l'existence d'une conscience qui ne peut pour le moment se rattacher à un corps ou à une identité. Ensuite, le sentiment de bien-être ressenti par le nouveau-né favoriserait l'émergence du second élément que l'on peut nommer le « moi », correspondant à notre personnalité, à une certaine stabilité et permettrait d'avoir conscience des limites qui nous sont imposées. Le « surmoi », pour sa part, se construirait durant l'enfance grâce aux interdits moraux, culturels, et notamment parentaux. Au niveau sensori-moteur, de la naissance jusqu'au

236 GROS COLAS Valentine, *Les bébés taulards*, Mémoire de DUT, IUT Paris Descartes, 2012, p. 15.

3ème mois, les réflexes innés du nourrisson vont peu à peu se transformer et les premières coordinations seront possibles ; mais ce n'est qu'au bout de 12 mois que la coordination s'affine et que celle-ci deviendrait intentionnelle[237] : l'enfant débute l'apprentissage de la marche. Par ailleurs, il est évident que l'enfant n'a pas conscience de son être durant les premiers mois[238]. De ce fait, les limites corporelles de son corps ne sont pas intégrées, le nourrisson souhaite poursuivre *ex-utero* la symbiose qui existait auparavant *in-utero*. Lors du 4ème mois, il est remarqué une structuration plus importante du psychisme, permettant ainsi à l'enfant de reconnaître sa mère comme distincte et détachée de lui, et se considérer comme une personne à part entière. Enfin, l'environnement devient fondamental dans la stimulation sensorielle et cognitive à partir du 5ème mois ; période au cours de laquelle le bébé parfait son ouïe et sa vue. Au-delà de 12 mois, l'enfant entame son processus d'affirmation de « soi » par le non ; d'acquisition de la propreté ; et, entre autres, de développement narcissique[239].

Concrètement, l'enfermement d'un enfant au sein du milieu carcéral peut occasionner divers troubles : dès 4 mois, ces derniers ressentent la fermeture des cellules et les espaces clos, tandis qu'à 10 mois ils découvrent la petite taille de celles-ci et peuvent également, à 15 mois, entreprendre de frapper aux barreaux de la fenêtre[240]. Il semble indispensable de rappeler qu'ils souffrent de surcroit du manque de lu-

237 KLEIN Mélanie, RIVIERE Joan, HEIMANN Paula et ISAACS Susan, *Développements de la psychanalyse*, Presses Universitaires de France, 2009.

238 *Idem.*

239 *Ibid.*

240 GROS COLAS Valentine, *Les bébés taulards*, Mémoire de DUT, IUT Paris Descartes, 2012, p. 12.

mière, de l'absence de nature et de diversité culinaire[241], des grosses chaleurs de l'été et des réveils nocturnes dus aux rondes du personnel pénitentiaire[242]. Alors que l'enfant acquiert une autonomie de mouvement, il affronte la négation de la prison lui restreignant sa liberté. Martine Schachtel relate d'ailleurs : « Le matin, à l'ouverture de la cellule, on voit souvent ces petits prisonniers innocents, en âge de marcher, se précipiter pour tenter de sortir. Ils viennent de passer 14 heures enfermés dans 9 mètres carrés »[243].

B. Une notion fondamentale : la « théorie de l'attachement »

Outre les théories précédemment mentionnées, John Bowlby, psychiatre et psychanalyste britannique, décrit la relation mère-enfant à travers sa « théorie de l'attachement ». Considérée comme primordiale pour l'évolution psychologique d'un nourrisson, « la propension à établir des liens émotionnels forts avec des personnes particulières (…) existe déjà sous la forme embryonnaire chez le nouveau-né et se maintient à travers la vie adulte jusqu'à la vieillesse »[244].

Dès lors, l'enfant est à la recherche, au cours des 6 premiers mois de sa vie[245], d'une relation chaleureuse, intime et continue, une figure sur laquelle se reposer en cas de

---

241 Colloque « L'enfant en prison », par l'Institut François Gény, 6 octobre 2016, Université de Lorraine, Faculté de Droit de Nancy.

242 MENABE Catherine, *Réflexions critiques sur la criminalité féminine*, Thèse pour le Doctorat en Droit, Université de Lorraine, Nancy, 2013, §389, p. 404.

243 SCHACHTEL Martine, *Femmes en prison : dans les coulisses de Fleury-Merogis*, Albin Michel, 2000, p. 73.

244 GROS COLAS Valentine, *Op. Cit.*, p. 18.

245 *Idem.*

stress[246]. Il en résulte qu'il s'attachera à toute personne prenant soin de lui et répondant à son besoin de socialisation (généralement la mère), qui deviendra son *caregiver* : il s'agit ici de l'adulte qui a « la capacité à donner des soins et à s'occuper d'un être beaucoup plus petit que soi »[247]. En découle un lien basé sur les besoins de l'enfant en termes de sécurité, de protection et de soins ; la figure d'attachement constituant pour ce dernier, par conséquent, une base de sécurité pour découvrir le monde. Si la relation d'attachement doit en théorie être profitable à l'enfant, il est vraisemblable que celle-ci traduise des difficultés dans la relation adulte-enfant. Effectivement, Mary Ainsworth décrit différents schèmes d'attachement (susceptibles de survenir avant les 18 mois du nourrisson) au regard du lien entretenu entre l'enfant et son *caregiver*, pouvant être « *secure* » ou « *insecure* »[248]. Premièrement, l'attachement « *secure* » est dépeint comme exemple de la relation dite « normale », où l'enfant envisage sa figure d'attachement comme base de sécurité. *A contrario*, trois relations pathologiques se posent : quand l'attachement « anxieux-ambivalent » suppose une incohérence dans le comportement infantile, l'attachement « anxieux-évitant » admet que le nourrisson traite l'adulte avec une indifférence notable, et l'attachement « désorganisé », quant à lui, est modelé par un enfant aux comportements contradictoires et désorientés. Toutefois, il est allégué de façon indiscutable que la perte du *caregiver*, ou encore le changement fréquent de celui-ci entraînent des conséquences pratiquement irréversibles sur la

246 DARIC Jean, « Soins maternels et santé mentale de l'enfant », *Population*, 6e année, 1951, n°4, p. 689-690.

247 GROS COLAS Valentine, *Les bébés taulards*, Mémoire de DUT, IUT Paris Descartes, 2012.

248 Ainsworth MD, Blehar M, Waters E, Wall S, *Patterns of Attachment: A Psychological Study of the Strange Situation*, Hillsdale NJ, Lawrence Erlbaum Associates, 1978.

santé mentale de l'enfant et sont à la source de nombreux traumatismes[249]. L'intérêt de l'enfant exige alors, manifestement, de demeurer en détention auprès de la mère afin de pouvoir bénéficier de soins maternels satisfaisants.

§ 2. L'ambivalence des impacts de l'incarcération d'un nourrisson

L'évolution du psychisme de l'enfant laisse penser qu'il est inconcevable d'approuver sa présence en détention. Néanmoins, ce dernier a définitivement besoin de sa mère durant les premières années de sa vie (A), quand bien même leur relation pourrait se voir compromise (B).

A. Le rôle déterminant des soins maternels dans la construction psychique de l'enfant

A l'instar de John Bowlby, Donald Woods Winnicott développa plusieurs concepts à propos de la relation précoce mère-enfant, mettant en exergue qu'un nourrisson souffrant de carences affectives endure inévitablement des difficultés à grandir de la même façon qu'un enfant qui aurait reçu les soins maternels nécessaires. Il en ressort que les parents ont un rôle crucial dans la survie tant physique qu'émotionnelle du nouveau-né, et particulièrement sa mère puisque celui-ci ne réussit pas, durant les premiers mois de sa vie, à se considérer sans elle[250]. D'après Winnicott, le nourrisson se trouve absolument dépendant vis-à-vis de son entourage, et c'est sa mère qui aura les compétences innées pour répondre à cette situation, ainsi qu'une intuition concernant les besoins et désirs de son enfant ; c'est la « préoccupation maternelle

---

249 BOWLBY John, « The nature of the child's tie to his mother », *International Journal of Psychoanalysis*, vol. 39, n° 5, 1958, p. 73–350.

250 Information tirée du cours de « Psychologie de l'enfant », LAURENT Mélanie, UE d'ouverture, L2, Université de Lorraine, Faculté de Lettres, Nancy, 2014/2015.

primaire »[251]. De cette relation naîtra une identification réciproque entre la mère et l'enfant, ce que Winnicott présente comme « l'identification primaire »[252]. De ce fait, la fonction maternelle sera vitale à l'enfant, et se reflète par le biais de trois concepts[253] : en premier lieu, le *holding* peut être définit comme la manière de porter le nouveau-né, tant physiquement que psychiquement ; dans un second temps, la façon pour la mère d'être concrètement en contact avec son bébé est appelée *handling* ; et finalement, *l'object-presenting* renvoie au procédé utilisé par la mère pour présenter le monde à l'enfant. Ces fonctions maternelles indispensables permettront alors au nourrisson[254] d'appréhender les limites de son corps et d'affirmer son autonomie grâce aux « processus de maturation » dont il aura hérité, mais aussi de structurer son « moi », de poursuivre son développement affectif et de construire son « self »[255]. Conséquemment, la « mère suffisamment bonne » désigne celle capable de s'adapter parfaitement aux besoins de son enfant et à son évolution, qui n'est ni trop mauvaise, ni trop parfaite[256]. En définitive, bien que les nourrissons puissent éprouver une réelle douleur due à leur enfermement au sein du milieu pénitentiaire, les soins maternels dispensés sont essentiels afin de prévenir de possibles troubles psychologiques par la suite. Il en va alors de leur intérêt, de l'intérêt de leur mère, ainsi que de l'intérêt de la société que la mère et l'enfant puissent mainte-

---

251 *Idem.*

252 GROS COLAS Valentine, *Les bébés taulards*, Mémoire de DUT, IUT Paris Descartes, 2012, p. 16.

253 *Idem.*

254 Information tirée du cours de « Psychologie de l'enfant », LAURENT Mélanie, UE d'ouverture, L2, Université de Lorraine, Faculté de Lettres, Nancy, 2014/2015.

255 L'image que le sujet se fait de lui-même et qui correspond effectivement à ce qu'il est, *Idem.*

256 *Ibid.*

nir leur lien. Pour autant, cette relation peut quelquefois devenir pathologique.

B. La réalisation complexe du processus de séparation/individuation

Même si les autorités pénitentiaires s'efforcent de tenir compte de la minorité carcérale que représentent les femmes mères et détenues ainsi que leurs enfants, d'autres problématiques se posent du fait de la relation mère-enfant en elle-même.

Conceptualisé par Margaret Mahler, le processus de la séparation-individuation parait naturel et évident ; alors qu'il est en réalité indubitablement sujet à de multiples obstacles[257]. Il semble judicieux, dans un premier temps, d'analyser cette théorie, par laquelle l'enfant prend conscience de l'environnement externe qui l'entoure, afin d'en saisir les difficultés. Quatre stades sont mis en avant par la psychiatre américaine : le premier, la « différenciation », intervient dans les 5 à 10 premiers mois de l'enfant, au cours desquels ce dernier effectue un mouvement de recul afin d'observer sa mère ; entre 10 et 15 mois, « les essais » permettent à l'enfant de prendre des distances à l'égard de sa mère et de commencer à comprendre leur relation ; de ses 15 à 24 mois survient le « rapprochement », l'enfant ressentant une forte demande d'amour (désir de régression), ainsi qu'au contraire une irrésistible envie de se développer ; pour finir, la « consolidation du processus » a lieu jusque 36 mois, l'enfant ayant développé des capacités cognitives dispose désormais d'une image mentale de la mère. A ces quatre stades peuvent être associées trois situations com-

257 Information tirée du cours de « Psychologie de l'enfant », LAURENT Mélanie, UE d'ouverture, L2, Université de Lorraine, Faculté de Lettres, Nancy, 2014/2015.

plexes[258]. Les deux premières discussions tiennent au comportement de la mère, qui peut se présenter comme « insuffisamment bonne »[259]. Effectivement, cette dernière peut connaître une empathie excessive et prolongée pour son enfant et ainsi entraver son processus de différenciation, l'enfermement l'aidant considérablement puisque la mère se trouve continuellement en présence physique de son enfant, étant tous les deux dans une relation fusionnelle et isolés du monde extérieur[260]. De la même manière, la mère peut répondre de façon chaotique ou désordonnée aux attentes de l'enfant, mais aussi et notamment substituer ses besoins personnels à ceux de son enfant ; on retrouve cette attitude chez les femmes particulièrement fragiles psychologiquement, la prison en étant d'ailleurs un puissant révélateur (femmes désintéressées de la pensée qui ne pourront par conséquent pas interpréter les pulsions de leur enfant, développant un narcissisme prononcé au travers de leur nouveau-né, vivant la présence des autres femmes comme une concurrence, souffrant de multiples troubles, alcooliques ou droguées,...)[261]. De plus, la limite d'âge de sortie de prison à 18 mois s'avère défavorable à la réalisation des deux derniers stades d'individuation du nourrisson, c'est pourquoi plusieurs pays européens préconisent une sortie de détention aux 3 ans de l'enfant (la séparation physique est alors accompagnée d'une séparation psychologique). Par surcroit, de nouvelles interrogations apparaissent lorsqu'il est question de la libération de l'enfant.

---

258 *Idem.*

259 WINNICOTT Donald Woods, *La mère suffisamment bonne*, Payot, 2006.

260 Malgré les services mis en place (halte-garderies, crèches, sorties à l'extérieur,...).

261 Colloque « L'enfant en prison », par l'Institut François Gény, 6 octobre 2016, Université de Lorraine, Faculté de Droit de Nancy.

Section 2. L'effet traumatogène de la séparation mère-enfant

« Aucun enfant ne peut, au-delà de ses 18 mois et même pour un seul jour, être maintenu auprès de sa mère détenue »[262]. Force est de constater que lorsque la mère n'est pas libérée en même temps que son enfant, la séparation et inévitablement la rupture du lien qui les unit est immanquable (paragraphe 1). Après leur passage en détention, pour certains le seul environnement qu'ils n'aient jamais connu, ces « bébés taulards »[263] vont être contraints de se reconstruire sur de nouvelles bases et réapprendre à vivre (paragraphe 2).

§ 1. La libération de l'enfant seul, inévitablement douloureuse

Bien que l'administration pénitentiaire s'efforce de mettre en place une séparation en théorie progressive et préparée dès l'arrivée de l'enfant au sein de l'établissement pénitentiaire (A), les conséquences psychologiques et motrices frappant l'enfant demeurent vastes (B).

A. Un départ en théorie progressif et préparé

Quand la durée moyenne d'un séjour en détention pour un enfant est de 7 mois et que 80 % de ces derniers retrouvent la liberté aux côtés de leur mère, la séparation forcée est cependant inéluctable pour 20 % d'entre eux, l'article D.401 disposant que « les enfants peuvent être laissés auprès de

---

262 « 2.1.3 – Limite d'âge de l'article D.401 du C. pr. pén. » de la circulaire du 18 août 1999 relative aux conditions d'accueil des enfants laissés auprès de leur mère incarcérée, NOR: JUSE9940062C, *BO just.*, n°76, 1er octobre 1999.

263 SCHACHTEL Martine, *Femmes en prison : dans les coulisses de Fleury-Merogis*, Albin Michel, 2000, p. 71 et s.

leur mère jusqu'à l'âge de 18 mois » et laissant au SPIP le soin de coordonner l'accueil, le séjour et la sortie du bébé[264].

Cette dernière peut survenir suite à plusieurs options citées antérieurement : la mère du nourrisson a la possibilité de le laisser libre dès lors que sa présence ne lui apparaît plus opportune (désirant une adoption, un placement ou le confier à un membre de sa famille) ; une décision judiciaire peut également s'imposer exigeant le retour de l'enfant à la vie extérieure (décision du juge aux affaires familiales saisi par le père de l'enfant, décision du juge aux affaires familiales en cas de danger pour l'enfant ou décision de retrait de l'autorité parentale) ; ou lorsque la limite des 18 mois est atteinte. Dans ce cas, le SPIP se voit dans l'obligation de tout mettre en œuvre afin d'éviter une séparation brutale entre la mère et son nourrisson (qui leur serait préjudiciable à tous les deux), dès l'arrivée de l'enfant au sein du milieu carcéral et au plus tard à son premier anniversaire. D'une part, la sortie de l'enfant doit être préparée au regard de son futur lieu d'accueil, choisi librement par la mère, conjointement au SPIP si nécessaire, apte à développer des partenariats avec les services départementaux de PMI et d'aide sociale. De plus, le service social de secteur pourra être informé, et un signalement pourra, de la même manière, être adressé au Procureur de la République du lieu de vie de l'enfant (décidant alors de la saisine du juge des enfants). D'autre part, le retour à la vie libre doit être progressif, l'enfant pouvant ainsi effectuer des séjours d'une durée croissante dans son prochain lieu de vie (tant familial qu'institutionnel) afin de s'habituer à son nouvel environnement et à vivre avec de nouvelles personnes encore inconnues. Par ailleurs, il relève de la compétence du juge de l'application des peines ou du

264 « 2.2 – le choix du lieu d'accueil de l'enfant à sa sortie de l'établissement pénitentiaire » et « 2.3 – Les formalités à effectuer lors du départ de l'enfant » de la circulaire du 18 août 1999, *loc. cit.*

juge d'instruction d'accorder à la mère une permission de sortir ou une sortie sous escorte dans le but d'accompagner son nourrisson lors de ses séjours hors du milieu pénitentiaire. Pour finir, la circulaire du 18 août 1999 relative aux conditions d'accueil des enfants laissés auprès de leur mère incarcérée prévoit les formalités indispensables au départ de l'enfant : la fiche d'identification et l'extrait de naissance sont remis à la mère et la sortie de l'enfant est signalée sur la fiche pénale de la condamnée. En définitive, le père de l'enfant se doit d'être informé (par la mère ou par le SPIP le cas échéant, s'il dispose de l'autorité parentale et que ses coordonnées sont connues). Si en théorie le retour du nourrisson à la vie extérieure semble aisé et naturel, progressif et préparé, il est en réalité difficilement mis en œuvre et s'en suivent maintes conséquences relatives à la séparation mère-enfant.

B. Les répercussions psychiques et somatiques de la rupture du lien maternel

« L'enfant (...), s'il ne possède pas le langage, a l'intelligence des relations humaines dès sa naissance »[265]. Dès lors et afin que la situation ne soit plus destructrice qu'elle ne l'est déjà, il parait considérablement primordial de communiquer avec le bébé et ainsi de lui expliquer la séparation et sa sortie de prison[266].

Il ressort de divers travaux, études et ouvrages que toute séparation précoce – divorce, décès, adoption et toute autre raison – engendre traumatismes, troubles, et perturbations chez l'enfant ; d'autant plus si celle-ci se produit entre 6 et 30 mois. En effet, la « théorie de l'attachement » suppose un

---

265 MENABE Catherine, *Réflexions critiques sur la criminalité féminine*, Thèse pour le Doctorat en Droit, Université de Lorraine, Nancy, 2013, §387, p. 403.

266 Arguments suivants tirés de GROS COLAS Valentine, *Les bébés taulards*, Mémoire de DUT, IUT Paris Descartes, 2012.

caregiver stable et disponible pour l'enfant ; or, si celui-ci lui est retiré, il éprouvera une détresse durement surmontable et une perte significative de repères. De plus, il a été noté l'apparition de troubles réactionnels, c'est-à-dire d'un comportement social déséquilibré et inadapté, particulièrement pour les enfants ayant reçu des soins maternels satisfaisants. En outre, une séparation intervenue chez les enfants âgés de 8 à 10 mois semble provoquer un arrêt total du développement de certains. De surcroît, des balancements corporels ont pu être fréquemment constatés, ainsi que des gestes auto-protecteurs (évitement du regard des autres, protection en se bouchant les oreilles) ou au contraire d'auto-agression (gestes portant atteinte à leur propre corps, comme s'arracher les cheveux ou encore se taper la tête). Finalement, l'étude de Cambridge suggère la survenance de troubles à l'adolescence dus à une séparation parent-enfant précoce. Néanmoins, le ressenti de la séparation ne peut être généralisé puisqu'il dépend sensiblement de l'âge de l'enfant lors de la séparation, des conditions dans lesquelles celle-ci a eu lieu, et du type de relation entretenue avec la mère (*secure* ou *insecure*) ; mais aussi du degré d'intériorisation de l'image de cette dernière, et la capacité de l'enfant à tolérer la frustration. De la même façon, les sentiments et émotions subis par la mère ont eux aussi un impact sur la manière dont le bébé perçoit la situation.

Conséquemment, le départ d'un nourrisson du milieu pénitentiaire et la séparation mère-enfant ne se fait pas sans complications, malgré l'application des autorités carcérales et du SPIP. La mère quitte le quartier « mère-enfant » pour retrouver des codétenues et un univers assurément terrifiant, et on peut de la même manière émettre de vives inquiétudes quant au devenir de ces enfants de détenues, élevés derrière les barreaux.

§ 2. Adaptation à une nouvelle vie

Ces enfants désormais libres et privés de leur figure maternelle d'attachement vont se retrouver contraints de mener une vie complètement hors norme. Dès lors, comment assurer le maintien de leurs liens familiaux (B) ? De plus, représentant 10 % des bébés séparés de leur mère après leur passage en détention[267], les enfants placés en famille d'accueil ou en foyer méritent une analyse approfondie de leur situation (A).

A. Les conséquences d'un éventuel placement

A leur sortie de prison sans leur mère, les « bébés taulards » n'ont d'autre choix que d'être pris en charge par une personne qui leur est pour le moment inconnue : généralement, ces enfants sont recueillis par leur famille ou par un tuteur désigné par la mère[268]. Pour autant, certaines femmes isolées n'ont aucune famille et se voient dans l'obligation de placer leur nourrisson en famille d'accueil ou en foyer : les effets de la séparation mère-enfant étant sérieusement conséquentes, elles s'en retrouvent davantage nuisibles dans cette situation.

Tout d'abord, les enfants placés semblent souffrir d'un manque de soins personnalisés et d'une mauvaise prise en charge, entraînant un repli sur soi-même, ou bien des retards de développement pouvant aller jusqu'à l'aliénation ou l'autisme[269]. Ensuite, supportant des carences tant affectives qu'au niveau des soins, il est observé que les enfants en bas âge éprouvent des troubles de l'attachement, une déficience

---

267 GROS COLAS Valentine, *Les bébés taulards*, Mémoire de DUT, IUT Paris Descartes, 2012, p. 6.

268 GROS COLAS Valentine, Les bébés taulards, Mémoire de DUT, IUT Paris Descartes, 2012, p. 6.

269 *Idem*, p. 25.

dans l'attention, une hyperactivité, endurent des problèmes d'élimination, et des troubles oppositionnels et d'impulsivité[270]. Par ailleurs, les difficultés familiales et la carence affective précoce qu'ont connu ces enfants ont engendré un manque d'affectivité et favorisé par la suite l'apparition de processus défensifs primaires[271]. Ces mécanismes de défense troublent la construction de la personnalité, leur différenciation et représentation de l'autre, leur intégration sociale et leurs activités scolaires comme périscolaires[272]. Concrètement, ces schémas se traduisent par des angoisses d'abandon, des désirs régressifs de relation fusionnelle (là où l'enfant jouera seul, cherchera à se faire oublier) ou, au contraire, des situations où l'enfant se rendra insupportable pour tester l'affection des personnes prenant soin de lui (deviendra jaloux et possessif, s'attaquera aux autres) [273]. Un sentiment de déni, des troubles dépressifs, une isolation ont également pu être rapportés. En outre, des réactions agressives sont aussi notables[274], occasionnant une multitude de placements qui, à défaut de protéger les enfants, ne feront que renforcer leurs troubles. Par conséquent, les blessures et handicaps profonds causés par leur vécu n'auront que peu de chance de guérison et il sera plus que complexe d'obtenir des bénéfices entiers d'une situation de placement. Il est indispensable que l'enfant profite d'un suivi

---

270 *Ibid.*

271 COLOMBIE Marina, *Les conséquences psychiques de la séparation parents enfants en situation de placement*, Mémoire de D.E.S.S de Psychologie de l'Enfance et de l'Adolescence, Université de Toulouse le Mirail, 2002, p. 43 et s.

272 COLOMBIE Marina, *Les conséquences psychiques de la séparation parents enfants en situation de placement*, Mémoire de D.E.S.S de Psychologie de l'Enfance et de l'Adolescence, Université de Toulouse le Mirail, 2002, p. 43 et s.

273 *Idem.*

274 *Ibid.*

psychologique et de la mise en place d'une psychothérapie dans les mois suivant sa sortie de prison. Néanmoins, la famille ou le foyer pourront offrir à l'enfant des éléments fondamentaux[275] : entre autres, un environnement social, un cadre de vie à travers lequel il pourra tenter de retrouver des repères, un lien par lequel les adultes s'efforceront de maintenir l'affectivité de l'enfant vivante, apport essentiel à son bon développement. Parallèlement, il est également essentiel que l'enfant maintienne ses liens familiaux avec sa mère toujours incarcérée.

B. Retours en détention et tentatives de maintien des liens familiaux

Outre les moyens de communication standards mis à la disposition des personnes détenues ainsi que leurs enfants vivant à l'extérieur, celui ayant été incarcéré avec sa mère dispose d'une possibilité qui n'est pas ouverte aux autres. Ce dernier peut être autorisé à effectuer de courts séjours en milieu carcéral durant les 6 mois suivant son départ. Ces séjours ont pour but d'atténuer les effets d'une séparation trop brutale et de favoriser le maintien des liens familiaux tant pour la condamnée que pour son enfant. Les retours de l'enfant en bas âge au sein de l'établissement pénitentiaire sont admis pour de courtes périodes de temps et sont soumis à autorisation du chef d'établissement, qui prendra alors tous les avis nécessaires pour apprécier l'opportunité de ces retours. Les modalités seront fixées par écrit et transmises à la mère de l'enfant et à la personne qui en a la charge à l'extérieur. Dans tous les cas, ces possibilités sont appréciées pour chaque enfant avant son départ de l'établissement, de façon à ce que l'administration pénitentiaire puisse procéder

275 LOISON Agathe, *Enjeux et écueils du placement familial*, Mémoire de DUT, IUT Paris Descartes, 2012, p. 48.

à l'éventuel transfèrement de la mère, impératif lorsque le lieu de privation de liberté dans lequel celle-ci purge sa peine n'est pas équipé de locaux adaptés à ces rencontres.

Si cette option de maintien des liens familiaux n'est octroyée qu'à certains enfants ayant quitté l'établissement pénitentiaire moins de 6 mois auparavant, les autres peuvent se reposer sur de nombreuses associations précédemment citées œuvrant pour le maintien de la vie de famille. L'une des plus notables, la FREP (Fédération des Relais Enfants Parents), regroupe 22 associations implantées dans approximativement la moitié des établissements carcéraux de France. Ces Relais Enfants Parents proposent, entre autres, un accompagnement des enfants lors des visites, la création d'espaces accueillants pour ceux-ci dans l'environnement froid et fermé qu'est la prison, l'organisation d'ateliers manuels avec les parents incarcérés, ou encore de journées spéciales où parents détenus et enfants pourront se retrouver (fête des mères, fêtes des pères,...). Pour finir, les enfants peuvent exercer leur droit au respect de la vie de famille par le biais du téléphone, de courriers, colis, de visites parloirs ou encore de séjours en UVF. Cependant, c'est sans oublier que les permis de visite ne sont pas toujours accordés par le chef d'établissement, notamment pour les enfants de détenues étrangères qui sont en situation irrégulière ; que le recours aux UVF est insuffisant ; que les obstacles aux visites et effets négatifs sont multiples ; que les courriers sont lus et les colis sont ouverts par les services pénitentiaires avant d'être transmis à la personne condamnée concernée ; et que les conversations téléphoniques sont susceptibles d'être enregistrées. Il en ressort un réel manque d'intimité et un droit au respect de la vie de famille dès lors difficilement consacré en pratique.

Conclusion de la partie 2

La « maternité incarcérée » semble garante du droit au respect de la vie privée et familiale dont bénéficient toutes les détenues, respectueuse de l'intérêt supérieur de l'enfant comme « considération primordiale », et le meilleur moyen de préserver le lien qui les unit. Ce lien est indispensable au bon développement du nourrisson, mais aussi indispensable à l'émergence de la fonction parentale de la mère. Il contribue ainsi à sa réinsertion dans la société, voire à l'accompagner dans son processus de désistance. En effet, force est de reconnaître que l'accueil d'un enfant en bas âge en détention auprès de sa mère est garant d'un développement satisfaisant de sa structure psycho-affective, les raisons tenant à ce constat étant indiscutables. Tout d'abord, il est vital pour le nouveau-né de pouvoir bénéficier de soins maternels essentiels – c'est-à-dire d'une mère « suffisamment bonne » –, d'amour et d'attention, et alors parvenir à acquérir une base de sécurité pour son exploration du monde et la construction de sa personnalité. De plus, le milieu carcéral offre plusieurs avantages à la mère et à l'enfant, dont ils n'auraient certainement pas pu profiter à l'extérieur[276] : suivi médical absolument acceptable pour l'enfant, prise en charge financière de la part de l'administration pénitentiaire, disponibilité et accompagnement de multiples spécialistes afin de surveiller l'évolution de la relation qui les unit. Ensuite, les autres détenues, leurs enfants, le personnel pénitentiaire, médical et paramédical, ainsi que les visites rendues à l'enfant sont autant de constituants de la socialisation du nourrisson, et non de son isolement.

---

276 MENABE Catherine, *Réflexions critiques sur la criminalité féminine*, Thèse pour le Doctorat en Droit, Université de Lorraine, Nancy, 2013, §386, p. 402.

Néanmoins, l'accueil de la femme enceinte ou de la mère et son enfant est loin d'être idyllique et il est extrêmement souhaitable que le système carcéral français se renouvelle. Notamment, le suivi prénatal et postnatal des femmes enceintes devrait être reconsidéré, ainsi que leurs conditions de détention et d'accouchement. Tous les établissements pénitentiaires français devraient être contraints à pouvoir accueillir les détenues enceintes, c'est-à-dire de se doter de cellules appropriées. Il semble également envisageable que plus de précautions soient prises à leur égard : elles devraient pouvoir bénéficier d'échographie régulières et sans retard, du secret médical, de consultations gynécologiques dans des conditions satisfaisantes et d'instruments d'examen propres et hygiéniques. Concernant les pratiques carcérales au moment des accouchements, il va sans dire qu'elles sont inacceptables et que la détenue devrait pouvoir préparer la venue au monde de son enfant dans des conditions semblables à celles auxquelles elle aurait eu droit au dehors : à titre d'illustration, elles pourraient être admises à la maternité quelques jours avant leur accouchement, sans menottes et avec une surveillance moindre. Il serait temps que la majorité masculine qui vote les lois et qui les fait appliquer réfléchisse réellement à la possibilité d'évasion ou de violence d'une femme sur le point de mettre au monde.

De plus, il apparaît indispensable de pallier le « droit mou » relatif à l'enfermement d'un nouveau-né par une consécration législative portant sur l'aménagement de son accueil en établissement pénitentiaire. Les critères d'appréciation de la prolongation des 18 mois devraient être encadrés, tout comme la commission en charge de cette décision. Il parait opportun que celle-ci soit composée de médecins, pédiatres, psychologues, professionnels de la justice et de l'administration pénitentiaire, qui étudieraient les déclarations de la mère détenue et du père de l'enfant ainsi que les bilans réalisés par des experts quant au développement de l'enfant en détention, les diverses notes des surveillants pénitentiaires à propos du comportement pratique de la mère et de l'enfant, les examens médicaux et psychologiques auxquels l'enfant aurait été soumis durant sa période au sein de la prison, et également les conditions de vie qui l'attendraient à l'extérieur. La prolongation de la présence du nourrisson en détention dépendrait alors de son adaptation à l'environnement carcéral, de ses liens avec sa mère, de sa capacité à se développer et des modalités de sa prise en charge à sa sortie de prison. S'il est pensable qu'en pratique la prolongation des 18 mois se déroule de la sorte, il semble tout de même nécessaire de l'inscrire dans la loi afin d'éviter diverses dérives. Les fouilles devraient elles aussi être règlementées au-delà de la simple circulaire, et il semble essentiel de reconnaître la présence en détention de l'enfant afin qu'il puisse accéder aux soins sans que le personnel médical soit tenu pour responsable en cas de complications. Ces dispositions pourraient faire l'objet, par exemple, d'articles insérés dans la loi pénitentiaire de 2009. Il semble par ailleurs judicieux de prévenir l'instrumentalisation de l'enfant par une surveillance accrue.

En définitive, il semble judicieux de préconiser une amélioration matérielle et immatérielle des conditions de détention (afin de favoriser davantage[277] la structure psychologique, affective, cognitive et motrice). Effectivement, la période d'incarcération mais également le retour à l'extérieur sont susceptibles de provoquer des traumatismes importants

[277] Le développement des enfants en milieu carcéral n'est tout de même pas si médiocre : quand bien même celui-ci n'est pas aussi rapide que souhaitable, il s'accélère naturellement à la libération, Commission européenne des affaires sociales, de la santé et de la famille, « Mères et bébés en prison », 9 juin 2000.

pour le nouveau-né. Il faudrait premièrement que les autorités carcérales s'efforcent de se conformer aux avis du Contrôleur général des lieux de privation de liberté ; ensuite, recourent à une augmentation des « quartiers mères-enfants » (en renforçant les structures préexistantes ou bien en créant de nouvelles unités couvrant le territoire français) ; et de surcroit intensifient les moyens financiers et le personnel qualifié. C'est ainsi que les détenues mères devraient pouvoir bénéficier de réels espaces pour l'allaitement et de soins infirmiers qualifiés et spécialisés[278]. Par ailleurs, des ateliers réguliers et complets pourraient être organisés pour la mère et son enfant, afin d'éviter une mauvaise pratique ou encore une relation pathologique ou trop fusionnelle, de préparer le processus de séparation/individuation, de prévenir la mère d'être « insuffisamment bonne ». D'autres ateliers seraient uniquement dédiés à la mère dans le but de l'aider à confier ses doutes quant à l'éducation de son enfant ou à tout autre problème qu'elle voudra invoquer. Les nourrissons devraient pouvoir eux aussi bénéficier de tels ateliers d'éveil et d'apprentissage du monde. Il pourrait de surcroît être envisageable de fermer les cellules plus tard le soir et de les ouvrir plus tôt le matin afin que le temps d'enfermement des enfants soit considérablement réduit.

S'agissant de l'incontournable socialisation, il semble plus que pertinent que des sorties à l'extérieur soient organisées pour les mères et leurs enfants : considérant que les femmes tentent très peu de s'évader, les promenades en forêt ou aux abords de l'établissement pénitentiaire sont envisageables et permettraient à l'enfant de se familiariser avec les arbres, les voitures, ou le bruit du monde. Ces enfants devraient aussi

---

278 Même si en principe illimités, Parlement Européen, avis de la Commission des droits de la femme et de l'égalité des genres, point numéro 26, 2017.

avoir accès à des crèches à l'intérieur et à l'extérieur du monde carcéral de manière systématique et régulière, de nouveau dans un but de socialisation avec d'autres enfants et de développement personnel[279]. L'accès aux différentes activités proposées pour les femmes détenues devrait alors se voir facilité.

Concernant le départ de l'enfant, il apparaît intéressant de reconsidérer leur maintien auprès de leur mère lorsque celle-ci se présente fragile psychologiquement, ce qui pourrait être décidé par une commission composée de la même manière que celle en charge de la prolongation des 18 mois et qui se baserait également sur des rapports concernant la santé de la condamnée et de son enfant. La limite d'âge se doit d'être augmentée, pour passer de 18 mois à 3 ans compte tenu de la théorie de la séparation/individuation et de suivre alors d'autres pays européens. Il est enfin nécessaire de multiplier les aides et la préparation du départ de l'enfant, encore trop traumatisante, de parfaire ses conditions de retour au sein de l'établissement pénitentiaire, et de mettre en place un suivi psychologique imposé et rigoureux, fondamentalement important après la libération. Malgré les diverses contraintes rencontrées au sein du lieu de privation de liberté, le maintien de la relation mère-enfant demeure primordial et nous pouvons légitimement présumer que la plupart des enfants serait élevé dans de moins bonnes conditions à l'extérieur[280] ; il en va alors indubitablement de leur intérêt d'être incarcérés aux côtés de leur mère.

---

279 Résolution 1663 de l'assemblée parlementaire du Conseil de l'Europe, 2009.

280 MENABE Catherine, *Réflexions critiques sur la criminalité féminine*, Thèse pour le Doctorat en Droit, Université de Lorraine, Nancy, 2013, §391, p. 405.

Conclusion

A la lumière de cette réflexion à propos de l'impact de l'univers carcéral sur la mère détenue et son enfant, il devient évident et indiscutable que les difficultés auxquelles doivent faire face la mère et son enfant sont très nombreuses, leur lien se trouvant par ailleurs insuffisamment maintenu, emportant nombreuses conséquences quant à la mère et à l'enfant. En effet, la maternité incarcérée est un réel combat, les détenues étant considérées comme des « sous-citoyens »[281], alors que la prison ne devrait incarner qu'une peine privative de la liberté d'aller et venir et non une peine privative de l'ensemble des droits et libertés de tout homme. Les femmes détenues subissent quotidiennement de multiples atteintes à leur droit fondamental au respect de la vie privée et familiale consacré par l'article 8 de la convention européenne des droits de l'Homme – de par sa difficile effectivité –, mais également une atteinte conséquente à l'exercice de leur rôle central tenant à leur qualité de mère. Or, la famille se définissant comme « la partie d'un ménage comprenant au moins deux personnes et constituée soit d'un couple vivant au sein du ménage, avec le cas échéant son ou ses enfant(s) appartenant au même ménage ; soit d'un adulte avec son ou ses enfant(s) appartenant au

---

281 Me BOH-PETIT, Colloque « L'enfant en prison », par l'Institut François Gény, 6 octobre 2016, Université de Lorraine, Faculté de Droit de Nancy.

même ménage (famille monoparentale) »[282], celles-ci ne sont pas les seules lésées : l'incarcération maternelle engendre également des effets traumatogènes sur leurs enfants, violant de la même manière l'article 3 de la convention internationale des droits de l'enfant. Si les avancées du système français sont tout de même notables – règlementation et législation concernant le maintien des liens familiaux par les personnes détenues et soutien aux familles par plusieurs biais –, elles n'en demeurent pas moins largement insuffisantes pour une raison élémentaire : les normes édictées par les différents organes s'appliquent généralement aux femmes comme aux hommes, excluant toute prise en considération des spécificités liées au sexe. Alors que les conditions de détention sont adaptées aux détenus hommes, la prise en compte des femmes comme minorité carcérale se doit d'être accrue ; ces condamnées étant immanquablement mères, ayant sûrement l'exercice exclusif de l'autorité parentale, et élevant certainement leurs enfants seules[283].

Malgré le progrès considérable pour les femmes que fut la consécration législative (néanmoins critiquable) de l'opportunité d'être incarcérée aux côtés de leur nouveau-né, jusqu'à ce que ce dernier fête ses 18 mois[284] – âge à partir duquel les effets néfastes de l'enfermement débutent ou âge au-delà duquel les coûts financiers engagés pour l'incarcération d'un enfant deviennent trop conséquents pour l'administration carcérale ? –, l'indifférence du droit à leur égard et à l'égard des enfants, incarnations du « futur de la nation », reste troublant. Deux perspectives ont été mises

---

282 Définition fournie par l'INSEE, www.insee.fr/fr/metadonnees/definition/c1465.

283 MENABE Catherine, Réflexions critiques sur la criminalité féminine, Thèse pour le Doctorat en Droit, Université de Lorraine, Nancy, 2013, §332, p. 367.

284 Ou 24 mois selon les cas.

en exergue précédemment. D'une part, l'incarcération féminine souffre désespérément d'un manque de législation : la loi pénitentiaire néglige les femmes écrouées et les obstacles au maintien des liens mère-enfant persistent ; la femme enceinte, peu importe les actes qui l'ont conduite à la privation de liberté, conserve sa qualité de citoyenne et par-dessus tout sa qualité de femme, et il est inadmissible que la pratique pénitentiaire profite du manque de législation pour porter atteinte à ses droits fondamentaux[285] ; il en est de même pour les femmes détenues de nationalité étrangère, oubliées et négligées, endurant un isolement fréquemment bien plus important que les détenues françaises ; et pour finir l'intérêt supérieur de l'enfant commande la disparition de la zone de « non-droit » dans laquelle celui-ci se retrouve lorsqu'enfermé auprès de sa mère. D'autre part, l'incarcération maternelle est source d'incidences sur la personnalité des enfants, qui en sont victimes directement ou indirectement : analysant la corrélation possible entre emprisonnement des parents et devenir des enfants, l'étude de Cambridge est parvenue à la conclusion que la délinquance juvénile pouvait prendre source dans la séparation parent-enfant subie pendant l'enfance ainsi que par conséquent la détention dudit parent ; innombrables sont les effets psychologiques occasionnés par les traumatismes auxquels l'enfant a dû faire face lors de l'arrachement de son parent et en l'occurrence sa mère ; quant au nourrisson incarcéré, le dilemme rencontré est forcément négatif : doit-il choisir la vie à l'extérieur, qui le sépare de sa figure maternelle ; ou la vie au sein de l'établissement pénitentiaire aux côtés de sa mère, malgré son innocence ? Il serait illusoire de penser que la présence de l'enfant en détention constitue la solution miracle au maintien du lien mère-enfant et à la bonne construction psy-

285 Référence à l'accouchement, MENABE Catherine, *Réflexions critiques sur la criminalité féminine*, Thèse pour le Doctorat en Droit, Université de Lorraine, Nancy, 2013, notes de bas de page, p. 392.

chologique du nouveau-né. En découle des répercussions sur le psyché et le soma du nourrisson causées premièrement par sa présence au sein du milieu carcéral (situation non remise en cause pour autant puisque l'intérêt supérieur de l'enfant est garanti dès lors que celui-ci peut bénéficier de soins maternels vitaux venant de sa propre mère), ensuite par la séparation brutale mère-enfant dans l'hypothèse où ce dernier serait contraint de quitter l'établissement pénitentiaire sans sa mère, et finalement par l'éventuel placement de l'enfant en institution, foyer, ou famille d'accueil si aucune autre alternative n'est possible.

En définitive, il semblerait que le droit français agisse avec parcimonie concernant le respect des liens des détenues avec leurs enfants, pratique inconcevable dans un pays qui se dit fervent défenseur des droits des femmes. En conséquence, le maintien du lien mère-enfant par les écrouées femmes et mères reste sujet à diverses controverses et ainsi terriblement inefficient – bien que le droit au rapprochement familial, pour sa part, soit en voie de reconnaissance en France –. Il est dès lors profondément souhaitable que la France cesse de feindre la bienveillance, établissant des normes superficielles, incomplètes, inachevées, lacunaires et surtout préjudiciables, dissimulant un désintérêt manifeste à propos de la criminalité féminine[286].

Dans la mesure où la famille constitue un des gages les plus essentiels de réinsertion sociale d'un ou d'une condamné(e)[287] ou bien un frein à la déviance – délinquance juvénile –, il apparaît opportun de penser que l'incarcération, à travers l'incapacité d'assurer la continuité des liens familiaux des personnes détenues et ainsi leur rupture, contribue à construire les délinquants et les criminels de notre socié-

286 *Confer.* chaque recommandation faite au cours de ce mémoire.

287 Parmi d'autres facteurs, notamment l'âge, la situation professionnelle, l'insertion sociale, etc.

té[288] : ce constat peut s'expliquer en premier lieu par la réitération d'infractions d'une personne ayant déjà été condamnée et ayant purgé sa peine[289], et dans un second temps par la déviance en devenir des enfants de parents incarcérés[290]. Alors que la criminologie, science étudiant le phénomène criminel, laisse supposer son impuissance puisqu'incapable d'expliquer la criminalité et le passage à l'acte[291], il semble urgent que les politiques appréhendent cette possibilité de manière sincère afin d'espérer envisager, à terme, une baisse significative de la délinquance et mettre fin aux « échecs perpétuels »[292]. En définitive, le recours aux peines alternatives à la privation de liberté se doit d'être davantage régulier voire systématique pour les femmes mères[293], qui devraient de la même façon pouvoir bénéficier

288 Dès lors, il semble pertinent de recommander une hausse notoire des moyens de conservation des liens familiaux en détention ou de diminuer les recours aux peines privatives de liberté, quand bien même celles-ci sont prononcées en dernier recours et s'adressent à des personnes présentant des risques de récidive élevés.

289 Tenant à la difficile réinsertion sociale à la sortie du milieu carcéral, mais également à la capacité incertaine de la prison à exercer une réelle dissuasion.

290 Cependant, d'autres facteurs peuvent rentrer en compte, il est dès lors difficile d'établir une corrélation exacte entre incarcération et devenir délinquant.

291 Idée tirée du cours de Mme LAVRIC Sabrina, « Criminologie », dispensé dans le cadre du Diplôme Universitaire de Criminologie, Université de Lorraine, Nancy, 2016/2017.

292 GASSIN Raymond, citation tirée du cours de M. THIERRY Jean-Baptiste, « Criminologie appliquée », dispensé dans le cadre du Diplôme Universitaire de Criminologie, Université de Lorraine, Nancy, 2016/2017.

293 Un traitement judiciaire plus genré qu'il ne l'est déjà est extrêmement souhaitable pour les mères de famille, ainsi que la mise en place de mesures efficientes d'accompagnement pour espérer lutter contre la récidive.

d'un aménagement de peine *ab initio*[294]. D'autres solutions alternatives, telles qu'une suspension de peine[295], pourraient être proposées afin de s'abstenir d'incarcérer les mères de familles et de préserver les enfants des éventuels traumatismes liés à l'univers pénitentiaire, la Turquie et la Russie[296] ayant d'ores et déjà considéré cette éventualité.

Nonobstant toutes ces recommandations, il est indéniable que la pratique continuera de distinguer intérêt individuel et collectif, incarcérant les parents auteurs d'infractions pénales, et sanctionnant parallèlement leurs enfants innocents.

La problématique sous-jacente soulevée par cette étude est celle du « tout carcéral » français. En effet, il est bien utile de dépeindre les conditions de détention indignes des détenus et de préconiser des améliorations, mais il serait d'autant plus intéressant de s'attarder sur les causes réelles de cette situation[297]. Au Moyen-Age, les prisons étaient nombreuses et servaient avant le procès à s'assurer d'avoir la personne sous la main. Celle-ci était alors dans une situation d'attente et le jugement y mettait fin. Les sévices et les supplices n'étaient pas son objet. Plus tard, la prison pénale a été inventée, mêlant surveillance et châtiment : elle devait causer autant de douleur que la faute. Ce système pénal construit autour de la violence a été peu à peu abandonné pour laisser

---

294 Dès le prononcé de la peine.

295 MENABE Catherine, *Réflexions critiques sur la criminalité féminine*, Thèse pour le Doctorat en Droit, Université de Lorraine, Nancy, 2013, §396, p. 408.

296 *Idem*, notes de bas de page, p. 408.

297 Arguments suivants tirés de l'essai de LEVY Thierry, *Nos têtes sont plus durs que les murs des prisons*, Grasset, 2006.

placer à la prison que nous connaissons désormais. L'un des objectifs recherchés sinon le plus important est l'amélioration du condamné en l'éduquant[298], la prison doit être utile (théorie chrétienne du rachat). Même si ce projet a encore sa place dans les textes, il a disparu de la réalité. La prison semble avoir perdu sa raison d'être. Elle est vue comme un lieu de perdition et de désespoir, l'accès à une vie sociale normale est une « chimère » et les détenus vivent dans la dépendance, l'attente, l'angoisse et la violence. A l'heure actuelle, 69 596[299] personnes sont écrouées détenues dans les établissements pénitentiaires français, contre 59 848 places disponibles[300]. 14 713 détenus sont en surnombre. Au 1er février 2017, la densité carcérale globale est de 116,3 %[301]. 21 359 détenus se retrouvent dans une structure suroccupée à plus de 150 %[302]. La surpopulation carcérale n'est pas un mythe et induit inévitablement un manque de personnel et un budget insuffisant. L'administration pénitentiaire éprouve alors des difficultés pratiques à prendre en charge chaque détenu et à veiller au respect de ses droits. S'ensuit des établissements incompatibles avec la dignité humaine, vétustes et surpeuplés. Les conditions de détentions indignes inciteraient les détenus à la violence. L'obsession sécuritaire engendre, quant à elle, des sanctions toujours plus sévères

---

298 Art. 130-1 C. pr. pén..

299 « Statistique mensuelle des personnes écrouées et détenues en France, situation au 1er février 2018 », Direction de l'Administration Pénitentiaire, Bureau des statistiques et des études. http://www.justice.gouv.fr/art_pix/mensuelle_fevrier%202018_2.pdf

300 « Statistique mensuelle des personnes écrouées et détenues en France, situation au 1er février 2018 », Direction de l'Administration Pénitentiaire, Bureau des statistiques et des études. http://www.justice.gouv.fr/art_pix/mensuelle_fevrier%202018_2.pdf

301 *Idem.*

302 *Ibid.*

qui génèrent de nouvelles tensions[303]. Il est ainsi compréhensible que les autorités carcérales rencontrent des complications quant à l'attention portée aux détenus, et plus particulièrement aux femmes. Dans son essai *Nos têtes sont plus dures que les murs des prisons*, Thierry Lévy écrit d'ailleurs « La prison n'est pas seulement une peine cruelle et vicieuse qui frappe d'avantage les pauvres que les riches, elle est aussi une forme d'esclavage qui corrompt autant le maître que l'esclave. Quand un homme est en cage, il en faut un pour le surveiller, le discipliner, le dominer et le nourrir. Il en faut un autre pour lui prodiguer des paroles apaisantes et un autre pour lui promettre un avenir meilleur et un autre pour lui faire miroiter une libération imminente et un autre pour le ramener à la réalité et tous ces gens sont liés par un grand mensonge qui les asservit et les humilie. ».

Le Contrôleur général des lieux de privation de liberté, Adeline Hazan, dénonce par ailleurs une mauvaise utilisation du budget par les différents gouvernements, préférant construire de nouvelles places en détention tout en faisant fi de la réelle problématique du choix français du « tout carcéral ». Il en va par conséquent du bien-être des personnes écrouées détenues, et tout particulièrement des femmes et des enfants, mais aussi du bien-être de la société, que les politiques envisagent une réflexion quant à cette question. Toutefois, cela suppose renoncer au désir de vengeance qui anime chaque être humain. Le coupable ne trouve pas dans l'isolement, la cruauté et la privation de liberté la force de se régénérer. Quand sera-t-il possible de mettre un terme à cette utopie carcérale ?

---

303 Le modèle de la « sécurité dynamique » est préconisé par l'OIP et par le Conseil de l'Europe.

Index

D

E

M

N

O

P

Q

R

S

T

U

V

Bibliographie

OUVRAGES

AINSWORTH (M.), BLEHAR (M.), WATERS (E.), WALL (S.), *Patterns of Attachment: A Psychological Study of the Strange Situation*, Hillsdale NJ, Lawrence Erlbaum Associates, 1978.

BOH-PETIT (D.), *Quartier-femmes écrou 10970*, Ed. L'Harmattan, coll. La Justice au quotidien, 2015.

CERE (J.-P.), *Prison - Organisation générale*, Répertoire de droit pénal et de procédure pénale, Dalloz, juin 2015 (actualisation : janvier 2018).

ESQUIROS (A.), *Paris, ou les sciences, les institutions, et les mœurs au XIXème siècle*, Comptoir des Imprimeurs-Unis, 1847.

KLEIN (M.), RIVIERE (J.), HEIMANN (P.) ET ISAACS (S.), *Développements de la psychanalyse*, Presses Universitaires de France, 2009.

LEVY (T.), *Nos têtes sont plus dures que les murs des prisons*, Grasset, 2006.

MARTINELLE (M.) et MENABE (C.) (dir.), *L'enfant en prison*, Ed. L'Harmattan, coll. BibliothèqueS de droit, 2017.

SCHACHTEL (M.), *Femmes en prison : dans les coulisses de Fleury-Merogis*, Albin Michel, 2000.

SOULE (M.), LAUZANNE (K.), et LEBLANC (N.), « 148. La carence des soins maternels et ses effets », *Nouveau traité de psychiatrie de l'enfant et de l'adolescent*, 4 volumes, Presses Universitaires de France, 2004, pp. 2529-2548.

WINNICOTT (D. W.), *La mère suffisamment bonne*, Payot, 2006.

WINNICOTT (D. W.), *L'enfant et le monde extérieur, le développement des relations*, Payot, 2001.

MEMOIRES ET THESES

COLOMBIE (M.), *Les conséquences psychiques de la séparation parents enfants en situation de placement*, Mémoire de D.E.S.S de Psychologie de l'Enfance et de l'Adolescence, Université de Toulouse le Mirail, 2002.

GROS COLAS (V.), *Les bébés taulards*, Mémoire de DUT, IUT Paris Descartes, 2012.

LOISON (A.), *Enjeux et écueils du placement familial*, Mémoire de DUT, IUT Paris Descartes, 2012.

MENABE (C.), *Réflexions critiques sur la criminalité féminine*, Thèse pour le Doctorat en Droit, Université de Lorraine, Nancy, 2013.

ARTICLES

BOUCAUD (P.), « Le droit des enfants et les conventions internationales et européennes », *Les liens familiaux à l'épreuve du pénal*, ERES « Hors collection », 2002, p. 25-36.

BOUREGBA (A.), « La parentalité à l'épreuve de l'incarcération », *Les liens familiaux à l'épreuve du pénal*, ERES « Hors collection », 2002, p. 71-83.

BECHLIVANOU MOREAU (G.), « Rendre plus effectif le droit au maintien des liens familiaux », *RSC*, 2013, n°1, p. 137.

BOWLBY (J.), "The nature of the child's tie to his mother", *International Journal of Psychoanalysis*, vol. 39, n° 5, 1958, p. 73-350.

CARDI (C.), « Les ambivalences du traitement carcéral des femmes criminalisées », *AJ pén.*, 2010, n°1, p. 17.

CHIDIAC (N.), CROCQ (L.), « Le Psychotrauma (III) - Névrose traumatique et état de stress posttraumatique », Annales Médico-Psychologiques, *Revue Psychiatrique*, Elsevier Masson, 2011.

CLEMENT-BARTHEZ (C.), « Le cadre légal des droits de l'enfant lorsque son ou ses parent(s) sont incarcérés », Etude publiée par l'UFRAMA, 2015.

DARDEBA (P.), « Le maintien des relations familiales des détenus en Europe », *RSC*, 1998, n°3, p. 590.

DARIC (J.), « Soins maternels et santé mentale de l'enfant », *Population*, 6e année, 1951, n°4, pp. 689-690.

ELIACHEFF (C.), « L'enfant éloigné de son parent incarcéré », *Les liens familiaux à l'épreuve du pénal*, ERES « Hors collection », 2002, p. 37-50.

FLEURIOT (C.), « En prison, les femmes n'ont pas les mêmes droits que les hommes », *Dalloz actualité*, 18 février 2016.

HERZOG-EVANS (M.), « Les enfants de détenus : "The orphans of justice" », *Lamy Droit Civil*, 2011, NS 87, Supplément « Le statut de l'enfant depuis la Convention internationale relative aux droits de l'enfant », Etude, p. 32-35.

HERZOG-EVANS (M.), « Loi pénitentiaire et liens familiaux : de timides avancées », *AJ fam.*, 2009, n°12, p. 484.

LAVRIC (S.), « Vie familiale et prison : la Russie condamnée pour sa législation – Cour européenne des droits de l'homme 7 mars 2017 », *AJ pén.*, 2017, n°6, p. 301.

LEROYER (A.-M.), « Famille du détenu - Vie privée et familiale », *RTD Civ.*, 2010, n°1, p. 165.

MOINE-DUPUIS (I.), « Le droit de visite du parent incarcéré », *Dalloz*, 1999, n°23, p. 251.

MURRAY (J.) et FARRINGTON (D. P.), « Les effets sur l'enfant de l'incarcération parentale », *AJ pén.*, 2011, n°9, p. 398.

RAPPORTS ET AVIS

ROBERTSON (O.), « Parents en prison : les effets sur leurs enfants », *Bureau Quaker auprès des Nations Unies*, avril 2007.

PHILBRICK (K.), AYRE (L.) et LYNN (H.), "Children of imprisoned parents, European perspectives on good practice", *Children of Prisoners Europe* (COPE ou EUROCHIPS), seconde édition, 2014.

COMMISSION EUROPEENNE DES AFFAIRES SOCIALES, DE LA SANTE ET DE LA FAMILLE, « Mères et bébés en prison », 9 juin 2000.

CONTROLEUR GENERAL DES LIEUX DE PRIVATION DE LIBERTE, « Avis du 8 août 2013 relatif aux jeunes enfants en prison et à leur mère détenue », NOR : CPLX1322210V.

CONTROLEUR GENERAL DES LIEUX DE PRIVATION DE LIBERTE, « Avis du 9 mai 2014 relatif à la situation des personnes étrangères détenues », NOR : CPLX1411703V.

CONTROLEUR GENERAL DES LIEUX DE PRIVATION DE LIBERTE, « Avis du 25 janvier 2016 relatif à la situation des femmes privées de liberté », NOR : CPLX1604501V.

STATISTIQUES

« Statistique mensuelle des personnes écrouées et détenues en France, situation au 1er février 2018 », Direction de l'Administration Pénitentiaire, Bureau des statistiques et des études ; www.justice.gouv.fr

SITES INTERNET

www.dalloz.fr/

www.cairn.info/

www.genepi.fr/

www.senat.fr/

www.legifrance.fr/

www.humanium.org/

www.oip.org/

www.ohchr.org/

www.uframa.org/

www.justice.gouv.fr/

www.cglpl.fr/

www.echr.coe.int/

www.prison.eu.org/

FILMS ET DOCUMENTAIRES

CAZES (S.), *Ombline*, 12 septembre 2012.

LAM TRONG (H.), *Maman est en prison : l'absente*, 2014.

RINDELAUB (B.), *Loin des yeux*, avril 2013.

Table des matières

L'HARMATTAN ITALIA
Via Degli Artisti 15; 10124 Torino
harmattan.italia@gmail.com

L'HARMATTAN HONGRIE
Könyvesbolt ; Kossuth L. u. 14-16
1053 Budapest

L'HARMATTAN KINSHASA
185, avenue Nyangwe
Commune de Lingwala
Kinshasa, R.D. Congo
(00243) 998697603 ou (00243) 999229662

L'HARMATTAN CONGO
67, av. E. P. Lumumba
Bât. – Congo Pharmacie (Bib. Nat.)
BP2874 Brazzaville
harmattan.congo@yahoo.fr

L'HARMATTAN GUINÉE
Almamya Rue KA 028, en face
du restaurant Le Cèdre
OKB agency BP 3470 Conakry
(00224) 657 20 85 08 / 664 28 91 96
harmattanguinee@yahoo.fr

L'HARMATTAN MALI
Rue 73, Porte 536, Niamakoro,
Cité Unicef, Bamako
Tél. 00 (223) 20205724 / +(223) 76378082
poudiougopaul@yahoo.fr
pp.harmattan@gmail.com

L'HARMATTAN CAMEROUN
TSINGA/FECAFOOT
BP 11486 Yaoundé
699198028/675441949
harmattancam@yahoo.com

L'HARMATTAN CÔTE D'IVOIRE
Résidence Karl / cité des arts
Abidjan-Cocody 03 BP 1588 Abidjan 03
(00225) 05 77 87 31
etien_nda@yahoo.fr

L'HARMATTAN BURKINA
Penou Achille Some
Ouagadougou
(+226) 70 26 88 27

L'HARMATTAN SÉNÉGAL
10 VDN en face Mermoz, après le pont de Fann
BP 45034 Dakar Fann
33 825 98 58 / 33 860 9858
senharmattan@gmail.com / senlibraire@gmail.com
www.harmattansenegal.com

www.ingramcontent.com/pod-product-compliance
Lightning Source LLC
LaVergne TN
LVHW021233061026
849535LV00008B/3039